AF498116

MEMOIRE

POUR M. le Duc de Nevers.

CONTRE les Officiers du Bailliage & Prefidial d'Auxerre.

IDE'E DU PROCÉS.

A Cour a à prononcer fur l'oppofition formée par les Officiers du Bailliage d'Auxerre, tant aux Lettres Patentes du 20 Janvier 1552. qui ont confirmé le droit de Reffort immediat en la Cour, dont jouiffoit le Donzyois, qu'à l'Arrêt d'enregiftrement, & aux Arrêts de la Cour qui en ont ordonné l'exécution.

Les Officiers d'Auxerre prétendent que ces Lettres du 20 Janvier font obreptices & fubreptices, en ce qu'elles ont été obtenues fur le fondement que le Donzyois de tems immémorial avoit fon reffort immédiat en la Cour, au lieu qu'ils prétendent que de toute ancienneté il a refforti au Bailliage d'Auxerre, pourquoi il a été expreffément compris dans les Lettres d'érection de leur Prefidial du 18 Août 1552.

Eft-il vrai que de tems immémorial le Donzyois, en conféquence des droits & privileges de Pairie accordés aux Seigneurs, ait eu fon reffort immédiat en la Cour, ainfi qu'il eft porté par lefdites Lettres? Eft-il vrai au contraire, comme le prétendent les Officiers d'Auxerre, que ce reffort leur ait appartenu, & qu'en 1552. ils en fuffent en poffeffion? C'eft ce point important, contefté entre les Parties, dont il s'agit d'éclaircir la verité par un recit fidele & exact des faits tels qu'ils refultent des pieces refpectivement produites.

CIRCONSTANCES DU FAIT.

Pour ne point confondre les tems, comme les Officiers d'Auxerre ont affecté de le faire par toutes leurs Requêtes, l'on divifera le fait en trois époques.

La premiere contiendra le tems anterieur à l'Edit d'Henry II. de 1551. portant création des Juges Prefidiaux dans les Bailliages Royaux.

Dans ce premier tems l'on va voir que dès 1347. le Donzyois, ainfi

A

(1)

que le Nivernois, a eu ſon reſſort immédiat en la Cour avant qu'il y eût un Siege Royal à Auxerre, & que depuis la création du Bailliage d'Auxerre juſqu'à l'érection de leur Preſidial, les Officiers d'Auxerre n'ont prétendu d'autre reſſort dans le Donzyois que celui des cas Royaux.

Dans la ſeconde époque contenant ce qui s'eſt paſſé depuis la création des Preſidiaux juſqu'en 1581. l'on verra que dans ce ſecond tems les Officiers d'Auxerre ayant fait comprendre le Donzyois dans les Lettres d'érection de leur Preſidial pour s'en attribuer le reſſort dans les cas Preſidiaux, cette tentative ne leur a pas réuſſi, & a été réprimée par des LettresParentes en queſtion enregiſtrées en la Cour, Lettres dont la Cour par les Arrêts alors intervenus, a ordonné l'execution, & que le ſeul reſſort que les Officiers d'Auxerre ont obtenu a été celui des cas Royaux qui leur étoit conteſté, & qui leur a été enfin adjugé en 1581.

Dans la troiſiéme époque depuis 1581. juſqu'en 1665. qu'a commencé la procedure & conteſtation qui eſt à juger, par tous les Arrêts qui ſont intervenus lorſque le cas qui a formé la conteſtation a été jugé être cas Royal & privilegié, la Cour a ordonné que ſon Arrêt du 14 Aouſt 1581. ſeroit executé, & a jugé les Officiers d'Auxerre competens pour en connoître ; mais hors ces cas privilegiez dont la connoiſſance eſt reſervée aux Juges Royaux pour tous les autres cas qui ſont de la competence des Juges ordinaires, & dont les Officiers d'Auxerre ſe ſont voulu arroger le reſſort, la Cour par tous ſes Arrêts a reprimé leur entrepriſe, & les a jugé incompetens.

Tels ſont les faits qu'il s'agit de développer dans les trois époques.

PREMIERE EPOQUE,

Au ſujet du Reſſort du Donzyois auparavant l'Edit de création des Preſidiaux de 1551.

Ce qui s'eſt paſſé dans tous ces premiers tems avant 1551. par raport au reſſort du Donzyois, peut ſe reduire à deux faits certains & prouvés, tant par les pieces produites de la part de M. le Duc de Nevers, que de la part des Officiers d'Auxerre.

Le premier fait eſt que dès 1347. le Donzyois a eu ſon reſſort immédiat en la Cour, en vertu des privileges de Pairie qui en ont été accordés & confirmés ſucceſſivement.

Le ſecond fait qui eſt prouvé par les propres titres des Officiers d'Auxerre, eſt que le Donzyois avoit ſon reſſort immédiat en la Cour auparavant l'Edit de création de leur Bailliage Royal, & qu'en 1552. lors de l'érection de leur Preſidial, non-ſeulement le Donzyois n'avoit point reſſorti à Auxerre, mais qu'ils avoient eux-mêmes déclaré qu'ils ne le prétendoient pas, & que le ſeul reſſort qui ait fait conteſtation, a été celui des cas Royaux privilegiés, dont nos Ordonnances ont reſervé la connoiſſance aux Juges Royaux.

Memoires

Droit public

———

tome · IV ·

Preuves du premier fait produites par M. le Duc de Nevers.

Le Donzyois eſt une ancienne Baronnie, dont la Capitale eſt la Ville de Donzy, ſituée entre Auxerre & Nevers. Il y a à Donzy un Bailliage auquel reſſortiſſent ſept Châtellenies & quatre-vingt-dix Prevôtés & autres Juſtices, dont une partie ſont des membres & dépendances de la-dite Baronnie, & les autres en ſont mouvantes.

Dès l'an 1190. cette Baronnie & le Comté de Nevers ont appartenu au même Seigneur par le moyen du mariage d'Hervé Baron de Donzy, avec Mathilde fille unique de Pierre de Courtenay & d'Agnès Comteſſe de Nevers.

Depuis que ces deux Pays du Nivernois & Donzyois ont eu un même Seigneur, Coquille obſerve qu'en l'an 1308. *étoient établis deux Baillis de Nivernois, l'un à Donzy, qui connoiſſoit des cauſes du Donzyois & des Châtellenies de Clamecy, Châtel, Senſoy, Mets-le-Comte & Neufontaine, & l'autre à Nevers qui connoiſſoit des cauſes de tout le reſſort du Nivernois.*

Les choſes étoient en cet état lorſqu'après la mort de Louis Comte de Nevers, qui fut tué à la Bataille de Crecy en 1346. Philippes de Valois en conſideration des ſervices qu'il avoit rendus à l'Etat, accorda à Marguerite de France, veuve dudit Comte de Nevers, & à Louis leur fils, Comte de Flandres & de Nevers, les privileges de Pairie pour leur Comté de Nevers & Baronnie de Donzyois. Les Lettres ſont pro-duites, en voici les termes.

Lettres Patentes de Philippes de Valois par leſquelles il a accordé le droit *de tenir les Comtés de Nevers & Baronnie de Donzy & leurs appar-tenances, en telle liberté comme les Pairs de France uſent & gouvernent, doi-vent & ont accoutumé à tenir & gouverner leurs Sujets, Terres & Pays, tant ès cas de Jugemens d'appeaux & d'ajournemens, comme en autres quelz-conques.*

Ces Lettres de conceſſion des droits de Pairie, furent ſuivies de ſe-condes Lettres du même Roy Philippes de Valois, adreſſées aux Baillis de Sens & de Bourges, & aux Prevôts de la Villeneuve-le-Roy & de Saint Pierre-le-Moutier. Dans ces Lettres le droit de Pairie accordé pour le Comté de Nevers & Baronnie de Donzy, eſt rappellé ; leſdites Lettres portant mandement à chacun d'eux de renvoyer au Parlement les cauſes pendantes pardevant eux en l'état qu'elles ſeroient, toutes fois qu'ils en ſeroient requis.

Sur la plainte de Marguerite de France qu'aucuns avoient fait refus de renvoyer des cauſes au Parlement, il y eut de troiſiémes Lettres Pa-tentes portant juſſion & commandement aux mêmes Baillis & Prevôts de renvoyer ſes cauſes, celles de ſes Officiers, ou ceux dont elle pren-droit la défenſe en demandant & défendant, au Parlement aux jours des Bailliages des Parties.

Autres Lettres Patentes en Latin du Roy Jean adreſſées aux Baillis de Sens & de Bourges, confirmatives des droits de Pairie que Philippes de Valois avoit accordés à la requiſition de Marguerite de France & ſon fils, pour leur Comté de Nevers & Baronnie de Donzy. *Accepimus*

Du Tillet dans ſon Recueil des Rois de France, chapitre de la branche de Cour-tenay.

Coquille Hiſtoire du Nivernois, page 354 de l'édition in 4°.

27 Août 1347. produites au 22 ſac, cote C.

13 Decembre 1347. produites 22e ſac, cote C.

2 Decembre 1349. produites 22e ſac, cote C.

10 Avril 1350. produites 22e ſac, cote C.

quod licet percaræ memoriæ Dominus progenitor noster carissimus per suas Pa-
tentes Litteras concessas, ut omnes terras suas dictorum Comitatuum & Ba-
roniæ Donzyaci, & ipsi teneant & gubernent in & sub talibus libertatibus,
usibus & franchisis quibus Pares Franciæ tenent ac tenere & regere consue-
verunt terras suas, suosque subditos ratione suæ Pairiæ, tam in casibus ju-
diciorum appellationum, quam aliorum quorumque, & nos ejusmodi gratiam
& similem compleri, teneri & observari volentes, mandamus vobis eam-
dem juxta suum tenorem teneatis & observetis, ac observari inviolabiliter fa-
ciatis, & scituri quod si secus feceritis, vos totaliter puniemus quod cedet aliis
in exemplum.

Au moyen de ces Lettres Marguerite de France & Louis de Nevers son fils ont joui des privileges de Pairie sans aucun trouble.

Louis de Nevers n'ayant laissé qu'une fille appellée Marguerite de Flandres, elle épousa en premieres noces Philippes, dernier des anciens Ducs de Bourgogne, & en secondes noces Philippes le Hardy, quatriéme fils du Roy Jean, qui fut, comme l'Histoire nous l'apprend, Duc de Bourgogne.

26 Août 1405. Voy. 22e sac, cote H. Lettres Patentes du Roy Charles VI. par lesquelles Philippes de Bourgogne & ses successeurs ont été conservés dans les privileges de Pairie *pour le Comté de Nevers & Baronnie de Donzyois, tant en cas de jugemens d'appeaux, qu'en autres cas quelconques.* Lesdites Lettres verifiées en la Cour le 24 Septembre 1405.

Juillet 1459. 22e sac, cote H. Le Comté de Nevers & la Baronnie de Donzy ayant passé après la mort de Philippes de Bourgogne à Charles son fils, Lettres Patentes du Roy Charles VII. par lesquelles il ne s'en est pas tenu aux simples privileges des Pairies qui avoient été accordés, a de plus accordé audit Charles Comte de Nevers le titre & dignité de Pair de France, *eamdem nostri Regni Franciæ creamus & promovemus in Parem, & Paritatis hujusmodi dignitatem Comitatui Nivernensis annexentes præsentium tenore statuimus, ut tam ipse quam heredes, & Pares ejusdem Regni perpetuis temporibus habeantur, omnique jure & prærogativâ litentur & utentur quibus alii Pares Franciæ uti solent.* C'est du jour de ces Lettres que les Duc de Nevers ont pris rang & séance en la Cour.

Charles de Bourgogne établit alors, comme tous les Pairs de France étoient dans l'usage de le faire, des Juges des Grands Jours à Nevers, où ressortissoient les appellations des Baillis de Nivernois & Donzyois, & les Juges des Grands Jours ressortissoient en la Cour.

Juillet 1464. 22e sac, cote H. Le Comté de Nevers avec la Baronnie de Donzy ont passé aptès la mort de Charles de Bourgogne à Jean de Bourgogne son frere, auquel le Roy Louis XI. a confirmé par de nouvelles Lettres le titre & la dignité de Pair de France, avec tous les mêmes droits de Pairie. Ces Lettres ont été enregistrées au Parlement le 5 Mars suivant.

Mai 1505. au 22e sac, Cote N. Jean de Bourgogne ayant laissé deux filles, l'une fut mariée au Duc de Cleves : par ce mariage le Nivernois & Donzyois ont passé dans la Maison de Cleves avec leurs droits de Pairie, ainsi qu'il paroît par les Lettres Patentes que le Roy Louis XII. a accordées en faveur d'Angilbert de Cleves & de ses successeurs, portant continuation du droit de Pairie, *pour en jouir pleinement & paisiblement ainsi que ses prédecesseurs.* Ces

Ces deux Pays de Nivernois & Donzyois qui depuis 1190. avoient appartenu aux mêmes Seigneurs, furent divisés en 1521. entre les deux heritieres de la Maison de Nevers ; l'aînée eut le Comté de Nevers, & la cadette qui fut mariée à Odet de Foüez Comte de Lautrec, eut la Baronnie de Donzy.

Cette séparation du Donzyois d'avec le Nivernois n'a duré que depuis le partage fait entre les deux sœurs en 1521. jusqu'en 1540. que Odet de Foüez & sa femme étant morts, & n'ayant laissé qu'une fille morte fort jeune & peu de tems après eux, par son décès sans laisser d'enfans, la Baronnie de Donzy revint à la Comtesse de Nevers sa tante & son heritiere.

Pendant que la Baronnie de Donzy appartenoit aux Sieur & Dame de Lautrec, ils ont obtenu des Lettres de confirmation de la Reine mere de François Premier, lors Regente en France, par lesquelles en con-séquence de ce qu'*eux & leurs prédecesseurs Barons du Donzyois, ont de toute ancienneté eu Auditeurs qui ont connu & décidé des appellations des Baillis & Juges des Terres & Seigneuries du Donzyois, les appellations des-quels Auditeurs ont toujours ressorti sans moyen en la Cour de Parlement à Pa-ris, sans que les Habitans desdites Terres soient justiciables d'autres Juges, fors seulement ès cas Royaux,* lesdits Sieur & Dame ont été conservés, eux, leurs vassaux & sujets de la Baronnie du Donzyois, Châtellenies, Terres & Seigneuries en dépendantes, *en leurs libertés, franchises, possessions & jouissances.*

Janvier 1525.
22e sac, cote N.

Toutes ces Lettres obtenues par les Seigneurs du Donzyois successi-vement, prouvent que depuis 1347. que les droits de Pairie ont été ac-cordés pour le Donzyois, ainsi que pour le Nivernois, le Donzyois a eu son ressort immédiat en la Cour, & qu'il y ressortissoit depuis deux siecles lorsque M. de Nevers obtint en 1552. les Lettres ausquelles les Officiers d'Auxerre sont opposans.

Il est surprenant que les Officiers d'Auxerre pour soutenir leur oppo-sition, osent contester par toutes leurs Requêtes la verité de ce pre-mier fait, & soutenir que de toute ancienneté le Donzyois a eu son res-sort au Bailliage d'Auxerre, & qu'il y ressortissoit en 1552. vû que le contraire est prouvé par leurs propres titres, comme l'on va le voir.

Preuves tirées des propres titres produits par les Officiers d'Auxerre, anterieurs à 1552.

Auxerre anciennement étoit une simple Seigneurie que Philippes-Auguste érigea en Comté en faveur de Pierre de Courtenay ; ce Comté a appartenu à la Maison de Nevers, d'où elle n'est sortie qu'après la mort d'Odet de Bourgogne, Comte de Nevers, qui laissa trois filles, Yoland, Alix & Marguerite de Nevers ; par le partage qui fut fait en-tr'elles, le Comté d'Auxerre échut à Alix de Nevers, qui épousa Jean de Chalons : Guillaume de Chalons leur fils leur succeda audit Comté, lequel a passé dudit Guillaume à Jean de Chalons son fils, qui en fit la vente en 1370. au Roy Charles V.

Du Tillet dans son
Recueil des Rois de
France, chap. de la
Maison de Courte-
nay.

Au mois de Septembre de l'année suivante Charles V. unit le Comté

Septembre 1371.

B

d'Auxerre à la Couronne, & créa un Bailliage Royal à Auxerre.

Ces Lettres n'ont été ni enregiftrées, ni publiées, ni mifes à exe-cution, comme il eft d'ufage dans tous les nouveaux établiffemens de cette efpece, où un Commiffaire fe tranfporte fur les lieux pour inftruire tous Habitans, Seigneurs & Jufticiables qu'ils font affujettis à un nou-veau Tribunal & nouveau reffort.

Il y a apparence que Charles V. ne fit point publier ni mettre à exe-cution lefdites Lettres, eu égard au retrait lignager qui fut intenté par Louis de Chalons frere du vendeur, contre le Procureur General du Roy. Ce retrait dont le droit & la prétention ont paffé au Duc de Bourgogne par la mort de Louis de Chalons, fut un fujet de guerre & de divifion entre nos Rois & les Ducs de Bourgogne, & l'Hiftoire nous apprend que cette conteftation n'a été terminée que par le fameux Traité d'Arras fait en 1435. entre le Roy Charles VII. & Philippes Duc de Bourgogne, par lequel, article 44. il fut convenu que le Comté d'Auxerre demeureroit au Duc de Bourgogne pour lui & fes hoirs mâ-les & femelles.

En conféquence de ce Traité Philippes de Bourgogne a joui du Com-té d'Auxerre tant qu'il a vêcu ; bref, ce n'eft qu'en 1476. que Louis XI. s'en étant emparé comme à lui échu par le trépas de Charles dernier Duc de Bourgogne, fon oncle, a réuni ce Comté à la Couronne ; & par des Lettres du mois de Janvier 1476. fuivies d'une Déclaration par lui donnée en 1477. a créé un Bailliage Royal en la Ville d'Auxerre. Ces Lettres avec la Déclaration ont été enregiftrées en la Cour, & pour les mettre à execution, & faire l'établiffement dudit Juge Royal, M. Cou-finot Prefident en la Cour, fut commis.

Procès verbal de M. Coufinot, qui s'eft tranfporté en la Ville d'Au-xerre & dans toutes les autres Villes & lieux contenus dans l'étendue des limites portées par les Lettres de création dudit Bailliage, notam-ment en la Ville de Donzy, dans tous lefquels les Habitans ont déclaré qu'ils étoient prêts d'obéir au Roy.

L'on voit par ce Procès verbal que les Officiers & Habitans de Vil-leneuve-le-Roy, qui jufqu'alors avoient été en poffeffion du reffort qui étoit attribué au nouveau Siege Royal établi à Auxerre, formerent oppofi-tion à ce nouvel établiffement, nonobftant laquelle oppofition M. Coufinot ayant ordonné l'execution des Lettres & de la Déclaration de Louis XI. ils fe déclarerent Appellans de fon Ordonnance.

Cet appel fut fuivi de nouvelles Lettres que les Officiers & Habitans de Sens & de Villeneuve-le-Roy obtinrent du Roy Louis XI. au mois de Juillet de la même année 1477. par lefquelles il déclara que par l'é-rection du Bailliage d'Auxerre il n'avoit entendu que les Terres de Don-zy, Puifaye, Toucy, Sennelay, & autres fpécifiées efdites Lettres ref-fortiffent audit Bailliage d'Auxerre, ains feulement les Terres & Sujets du Comté d'Auxerre ; en conféquence de ces Lettres les Officiers de Villeneuve-le-Roy font reftés en poffeffion jufqu'au jugement du Procès qui s'eft formé entre lefdits Officiers de Sens & Villeneuve-le-Roy & ceux d'Auxerre fur l'oppofition formée par lefdits Officiers de Ville-neuve-le-Roy & Sens, & fur les oppofitions que les Officiers d'Auxerre avoient formées à celles obtenues par lesdits Officiers de Sens & Villeneuve-le-Roy. Sur ces oppositions respectives il y eut un premier Arrêt interlocutoire, par lequel la Cour avant de prononcer sur les limites de ces deux Bailliages, ordonna qu'il seroit informé *de commodo & incommodo*, pour sçavoir ce qui seroit le plus avantageux aux Sujets desdits Pays de ressortir à l'un ou à l'autre desdits Bailliages ; & sur les informations faites, la Cour a adjugé à Villeneuve-le-Roy les lieux qui en étoient voisins. Voici ce que porte le dispositif de l'Arrêt. *Ordinat* **23. Mars 1523. produit par les Officiers d'Auxerre au sixiéme sac, cote C.** *Curia nostra Litteras per dictum prædecessorem nostrum Ludovicum undecimum præfatis Procuratori nostro, & Habitantibus dictæ Villæ Antissiodori in mense Januario 1476. concessas, in simul aliud Edictum & Declarationem ex inde ab eodem Ludovico undecimo anno 1477. obtentam integrando, quod ipsi Procurator noster & Habitantes Civitatis Antissiodorensis de cætero in dicta Villa Antissiodori Sedem & Ballivum Regium habebunt, ubi Burgenses, &c. prout sunt Baronia Donzyaci, &c.* & toutes les autres Villes & lieux dont l'Arrêt fait le détail, *ressortientur & respondebunt.* L'Arrêt ajoute ensuite : *Nonobstantibus Litteris & Declaratione per eosdem Procuratores & Officiarios dicti Ballivatûs Senonis manentes & Villænovæ-Regis impetratis, & ab illis expellendo & movendo, &c.*

Il y a trois observations à faire sur cet Arrêt.

La premiere est que les seules Lettres qu'il enterine, & dont il ordonne l'execution, sont les Lettres & Déclaration de Louis XI. de 1476. & 1477. qui avoient été publiées & enregistrées, sans qu'il soit dit un mot de celles de Charles V. qui n'avoient été ni enregistrées ni publiées.

La seconde, comment est-ce que la Cour en ordonne l'execution ? Ce n'est que pour l'avenir, *de cætero habebunt Ballivum Regium ubi ressortientur & respondebunt.*

La troisiéme observation est que ce ressort est adjugé au Bailliage d'Auxerre, nonobstant les Lettres qui sont visées dans l'Arrêt obtenu par les Bailli, Officiers & Habitans de Sens & Villeneuve-le-Roy, de l'enterinement desquelles ils sont déboutés ; & pour mettre les Baillis & Officiers d'Auxerre en possession du ressort & Jurisdiction qui leur étoient adjugés sur toutes les Villes & lieux détaillés dans l'Arrêt, M. Thiboult Conseiller en la Cour, fut commis.

Procès verbal de M. Thiboult qui s'est transporté en la Ville d'Auxerre, & sur tous les lieux portés par l'Arrêt pour y faire publier ledit **10 May & jours suivans 1524. produit au sixiéme sac, cote C.** Arrêt, & mettre les Officiers d'Auxerre en possession du ressort qui leur étoit adjugé.

Par ce Procès verbal l'on voit qu'il s'est transporté à Donzy & dans les Villes & lieux dépendans du Donzyois, & que les Seigneurs & Habitans & Officiers des Justices & Seigneuries dependantes du Donzyois ont tous fait leurs remontrances & oppositions.

C'est aux folio 136. recto dudit Procès & au fol. suivans que sont lesdites Remontrances requisitoires du Procureur du Roy, du Juge d'Auxerre, & les Ordonnances rendues par M. Thiboult. Elles sont importantes à observer partout, & à Donzy surtout, les Seigneurs & Officiers ont remontré que l'execution de l'Arrêt regardant M. & Madame de Lautrec,

Barons de Donzy, qui n'avoient été ni Parties, ni appellés dans le procès,
il étoit préalable qu'ils fuſſent ouis, ſans quoi il a été partout déclaré
que l'on ne pouvoit conſentir l'execution dudit Arrêt, auquel leurs Of-
ciers ſe ſont rendus oppoſans.

Au folio 136. r°. ſur l'oppoſition du ſieur de la Riviere & des Habitans de Couloutre, M. Thiboult par ſon Ordonnance leur a par proviſion enjoint *que doreſvant ils ayent à reſſortir pardevant ledit Bailli d'Auxerre ès cas & matieres, & ainſi qu'ils ont accoutumé ci-devant de reſſortir
pardevant le Bailli de Sens & ſon Lieutenant audit Villeneuve-le-Roy, &
ſans préjudice des droits des Sieur & Dame de Donzy.*

Aux fol. 137. r° 138. r°. & 141. ſur les autres oppoſitions des Prieur
& Religieux d'Eſpau, de ceux du Pré, & d'autres du Donzyois, M.
Thiboult a rendu les mêmes Ordonnances, *que doreſnavant ils ayent à
reſſortir audit Bailliage & Siege Royal d'Auxerre, tout ainſi ès cas en la forme qu'ils ont accoutumé de reſſortir audit Villeneuve-le-Roy pour les Terres
& biens qu'ils ont ſcitués audit Pays de Donzyois.*

Enfin au fol. 143. v°. 144. r°. ſur les remontrances du Procureur Fiſcal & du Châtelain à Donzy pour les Sieur & Dame de Lautrec, le ſieur
de Thou Avocat pour le Procureur du Roy ~~du Bailli~~ d'Auxerre, a requis que nonobſtant leurs oppoſitions, par proviſion ils fuſſent tenus de
reſſortir à Auxerre, *ès cas eſquels ils ſouloient reſſortir pardevant le Bailli
de Sens ou ſon Lieutenant à Villeneuve-le-Roy, ſans préjudice des droits de
reſſort, prérogatives & prééminences des Sieur & Dame de Donzyois.*

Au folio 146. dudit procès verbal M. Thiboult ſur les remontrances du Procureur Fiſcal de M. & Madame de Lautrec, & ſur le requi-
ſitoire du Procureur du Roy d'Auxerre, a rendu ſon Ordonnance portant défenſes aux Habitans de reſſortir ailleurs que pardevant le Bailli
d'Auxerre *ès cas auſquels ils ont accoutumé reſſortir audit Villeneuve-le-Roy,
le tout ſelon ledit Arrêt du 23 Mars dernier, & ſans préjudice au droit de
reſſort, prérogatives & prééminences deſdits Sieur & Dame de Donzy, & de
tout tel interêt qu'ils pourront déduire à la Barre de la Cour dans trois mois,
auquel lieu & heure nous leur avons baillé aſſignation,* de laquelle Ordonn-
nance ledit Procureur Fiſcal s'eſt rendu Appellant. Les Sieur & Dame
de Lautrec auſquels leurs Officiers ont donné alors avis, & de l'Arrêt
de 1523. & de l'Ordonnance de M. Thiboult, ſe ſont pourvûs devers
le Roy, & ſur leur expoſé, comme ils avoient de toute ancienneté joui
des privileges & prééminences de Pairie, & pour les cas Royaux que
la connoiſſance en avoit toujours appartenu au Bailli de Sens au Siege,
de Villeneuve-le-Roy, & craignant les entrepriſes des Officiers d'Auxerre, eu égard aux guerres continuelles qui avoient été entre les Habitans d'Auxerre, & ceux du Pays de Donzyois, qui ſe trouveroient
opprimez ayans leurs propres ennemis pour Juges. Sur quoi leſdits Sieur
& Dame de Lautrec ont obtenu les Lettres en forme d'Edit perpetuel
& irrevocable du mois de Janvier 1525. par leſquelles non-ſeulement
ils ont été maintenus & conſervez dans leurs privileges de Pairie, ainſi
qu'il a été obſervé, mais par ces mêmes Lettres, il fut ordonné que le
Donzyois pour les cas Royaux demeureroit comme il avoit toujours
été ſous le reſſort du Bailli de Sens au Siege de Villeneuve-le-Roy,

nonobſtant

nonobſtant les Lettres de création du Bailliage d'Auxerre & l'Arrêt de la Cour de 1523.

Au moyen de ces Lettres l'Arrêt de la Cour n'a point eu d'execution par raport au Donzyois, qui eſt demeuré, comme auparavant, du Bailliage de Sens pour les cas Royaux, dont la connoiſſance a formé une nouvelle conteſtation entre les Seigneurs & Habitans du Donzyois & les Officiers du Bailliage d'Auxerre.

Les Officiers d'Auxerre au ſixiéme ſac, ſous les cotes D. E. F. G. ont produit des extraits d'environ quatre-vingt Sentences rendues en leur Bailliage depuis 1533. juſqu'en 1551. où ils ont mis à la marge *Donzy.* Mais par les contredits contre ces quatre cotes, l'on a prouvé qu'il n'y en a pas une ſeule qui ſoit ſur l'appel de Sentence de Donzy & des Châtellenies y reſſortiſſantes, ils n'en ont pu coter une ſeule. Peut-on une preuve plus concluante que ſur leurs Regiſtres dont ils ont extrait ces Sentences, il ne s'en eſt pas trouvé une ſeule pour prouver que Donzy ait reſſorti à Auxerre.

Voilà ce que nous aprennent les titres & actes produits par les Officiers d'Auxerre & par M. de Nevers, anterieurs à 1552. deſquels il reſulte trois faits qui doivent demeurer certains dans cette premiere époque.

Le premier eſt que dès 1347. plus d'un ſiecle avant la création du Bailliage Royal d'Auxerre, le Donzyois avoit ſon reſſort immédiat en la Cour, en vertu des privileges dePairie accordés aux Seigneurs du Donzyois pour ledit Pays de Donzyois.

Le ſecond fait eſt par raport aux cas Royaux dont la connoiſſance appartenoit au Bailli de Sens, au Siege de Villeneuve-le-Roy avant la création du Bailliage d'Auxerre. Ces cas Royaux ont fait le ſujet d'un premier Procès entre les Officiers de Sens & de Villeneuve-le-Roy & ceux d'Auxerre, & que cette conteſtation a été décidée à l'avantage des Officiers d'Auxerre par l'Arrêt de la Cour de 1523. lequel ayant été rendu ſans que les Seigneurs du Donzyois y euſſent été appellés, ces Seigneurs s'y ſont oppoſés, & ont fait ordonner qu'ils continueroient de demeurer ſous la Juriſdiction de Villeneuve-le-Roy pour les cas Royaux, ce qui a formé un nouveau Procès entr'eux & les Officiers d'Auxerre.

Le troiſiéme fait eſt qu'à l'égard du reſſort immédiat en la Cour pour tous les cas ordinaires, pour leſquels les Pairies ont leur reſſort en la Cour, les Officiers d'Auxerre ne l'ont point conteſté aux Seigneurs & Habitans du Donzyois avant 1552. & bien loin qu'il ait été mis en queſtion, les Officiers d'Auxerre lorſqu'ils ont requis le reſſort du Donzyois pour les cas Royaux, pour leſquels il reſſortiſſoit à Villeneuve-le-Roy, ont expreſſément déclaré que c'étoit *ſans préjudice desdroits de reſſort, prérogatives & prééminences des Sieur & Dame de Donzy* ; ce qui a été ainſi ordonné par M. Thiboult. Voilà donc les droits de Pairie pour le Donzyois reconnus & expreſſément reſervés aux Seigneurs & Habitans du Donzyois.

C

SECONDE EPOQUE,

Contenant ce qui s'est passé depuis l'Edit de création des Presidiaux jusqu'en 1581.

En 1551. le Roy ayant créé des Presidiaux dans les Bailliages, cette création des Présidiaux a été suivie de Lettres d'érection en differens Bailliages, entr'autres à Auxerre & à Saint Pierre-le-Moutier, dans l'étendue desquels sont situés le Nivernois & le Donzyois; l'un & l'autre firent comprendre ces deux Pays qui avoient leur ressort immédiat en la Cour, dans leurs Lettres d'érection, pour s'en attribuer le ressort dans les cas Presidiaux.

Les Officiers de Saint Pierre-le-Moutier firent comprendre dans leurs Lettres, non-seulement le Nivernois, mais encore le Donzyois, qui leur fut contesté au Conseil par ceux d'Auxerre, qui ayant fait voir par l'Arrêt qu'ils avoient obtenu en 1523. que le ressort du Donzyois qui de toute ancienneté avoit été du Bailliage de Sens, au Siege de Villeneuve-le-Roy, leur avoit été adjugé : cette contestation fut décidée à l'avantage des Officiers d'Auxerre contre ceux de Saint Pierre-le-Moutier, par Arrêt du Conseil du 18 Août 1552.

18 Août 1552.
Ces Lettres avec l'Arrêt sont produits au 6e sac, cote H.

Le même jour de l'Arrêt, Lettres Patentes obtenues par les Officiers d'Auxerre pour l'érection d'un Presidial dans leur Siege, portant *que le Pays de Donzyois comme étant de la Jurisdiction ordinaire du Bailliage d'Auxerre, demeurera sous le Siege Presidial dudit Auxerre, pour y ressortir ainsi que le reste dudit Bailliage, selon la forme de l'Edit, nonobstant que par l'établissement fait du Presidial de Saint Pierre-le-Moutier, eût été ordonné que ledit Pays de Donzyois demeureroit compris sous le ressort du Presidial de Saint Pierre-le-Moutier.*

16 Novemb 1552.
produit au 7e sac, cote K.

Procès verbal de M. Fumée Conseiller en la Cour, commis pour mettre à execution les Lettres d'érection du Presidial d'Auxerre, qui pour cet effet s'est transporté sur les lieux. Au folio 267. de ce Procès verbal, l'on voit que s'étant transporté dans le Donzyois, Me Demesengarbe Avocat Fiscal & Procureur General du Duc de Nivernois & Donzyois, s'est presenté, & a remontré que de tems immemorial le Donzyois avoit joui de pareils droits de Pairie que le Nivernois, qu'encore *sont de present Auditeurs & Juges des causes d'appel audit Pays qui ont ressort immediat en la Cour de Parlement à Paris, laquelle de sa premiere & naturelle érection est la Chambre des Pairs,* &c. a observé qu'il y avoit des Lettres Patentes par lesquelles le Roy déclaroit qu'il n'avoit point entendu que le Donzyois eût son ressort audit Presidial, ains vouloit qu'il fût conservé dans son ancien ressort, a demandé un délai pour en faire appercevoir, *& cependant empêche formellement que ledit Pays de Donzyois soit aucunement compris sous ledit Presidial.*

Le Procureur du Roy d'Auxerre s'étant prévalu de ce que l'Arrêt du Conseil du 18 Août 1552. portoit que M. de Nevers avoit été oui, ledit Demesengarbe a soutenu aux fol. 283. & 284. *que Monseigneur n'eût oncques jour aſſignation en ladite matiere , auſſi veritablement il n'y comparut ni Procureur pour lui , requiert de lui nommer celui ou ceux qui ont comparu en ladite cauſe ſur laquelle ledit Arrêt eſt intervenu , & que l'Arrêt demeurera pardevers nous , étant paraphé ne varietur , pour au plûtôt que faire ſe pourra recouvrer procuration ſpeciale dudit Seigneur pour le maintenir de faux en ce qu'il porte qu'il a été oui pour ſon interêt , ou autrement ſe pourvoir contre icelui.*

Nonobſtant cette remontrance & oppoſition , M. Fumée , conformément à l'Arrêt du Conſeil & aux Lettres d'érection dudit Preſidial d'Auxerre , pour l'execution deſquels il étoit commis , a ordonné *que nonobſtant les empêchemens & oppoſitions ci-deſſus , le Pays de Donzyois reſſortiroit au Preſidial d'Auxerre , tant en cas ordinaires que Royaux , & ſans préjudice deſdites oppoſitions , dont icelui Demeſengarbe , pour ledit Duc de Nivernois , pour le regard des cas ordinaires , en a appellé comme de Juge incompetent , diſant ce exceder notre Commiſſion ; & pour le regard deſdits cas Royaux , en a auſſi appellé.* Fol. 285.& 286. dudit Procès verbal.

La remontrance faite par le ſieur Demeſengarbe pour M. le Duc de Nivernois & Donzyois , ſe trouve verifiée par de premieres Lettres Patentes que M. le Duc de Nivernois avoit obtenues , portant qu'au préjudice du reſſort immédiat des Pairies au Parlement de Paris en la Grand'Chambre , appellée la Chambre de Pairs , toutefois *les Lieutenans & Conſeillers Preſidiaux nagueres établis , s'efforcent de jour en jour entreprendre connoiſſance deſdites Pairies , & par ſpecial nos Officiers & Juges Preſidiaux d'Auxerre & de Saint Pierre-le-Moutier , auſquels par inadvertance par Edit par nous fait ſur l'établiſſement deſdits Sieges Preſidiaux , le Pazys du Donzyois & autres dépendans dudit Duché de Nivernois , leur ſont attribués , &c.* 6 Novembre 1552. Ces Lettres produites par M. de Nevers au 22 ſac , cote P. premiere piece.

A ces cauſes , voulant conſerver leſdits Pairs en leurs privileges , &c. même notredit Couſin , François de Cleves , Duc de Nivernois , &c. déclarons & ordonnons que ledit Duché & autres Terres par lui poſſedées en titre de Pairies , & les Sujets d'icelles , ſoient & demeurent immédiatement ſous le reſſort de notredite Cour de Parlement , ainſi qu'elles ont fait par ci-devant , & ſuivant les privileges d'icelles , nonobſtant ledit Edit par nous fait , & que par icelui aucunes deſdites Terres ayent été miſes au reſſort d'iceux Preſidiaux , même ledit Pays de Donzyois auſdits Sieges Preſidiaux d'Auxerre , que ne voulons nuire ni préjudicier à notredit Couſin & Sujets , ains en tant que metier eſt , avons par ſpecial ledit Pays de Donziois & ſes autres Terres tenues en Pairie , extmptées & exemptons des reſſorts deſdits Preſidiaux , leur interdiſant toute Juriſdiction & connoiſſance ſur icelles Terres , autres que celles qu'ils avoient auparavant ledit Edit.

Ces premieres , Letres quelque préciſes qu'elles fuſſent , furent débattues par les Officiers d'Auxerre , prétendant que l'Arrêt du Conſeil qui leur avoit adjugé le reſſort du Donzyois , après avoir oui M. de Nevers , devoit prévaloir : pour faire ceſſer ce prétexte , & les entrepriſes des autres Preſidiaux dans l'étendue deſquels étoient ſituées d'autres Terres pour leſquelles les droits de Pairie & reſſort immédiat en la Cour avoient été accordés , M. de Cleves obtint de ſecondes Lettres du Roy Henry II. plus amples que les premieres.

20 Janvier 1552. produites au 22e fac, cotte P.

Secondes Lettres pour la Pairie de Nivernois, Pays de Donzyois, Comté d'Eu, & autres Terres y dénommées qu'il tenoit en prérogative de Pairie, *tant par contrats & privileges, que par possession continuée par tems immemorial sous ledit ressort immédiat & souveraineté du Parlement de Paris,* auxquels le Roy déclare qu'il n'a entendu préjudicier par la création des Presidiaux ; à cet effet il est ordonné par ces secondes Lettres que le Duché de Nivernois, *Pays de Donzyois,* & autres Terres y énoncées, *ayant leur ressort immédiat en notre Cour de Parlement à Paris auparavant l'érection desdits Presidiaux, immédiatement ressortissent au fait de la Justice, en quelque maniere que ce soit, tant criminelle que civile, tant en demandant qu'en défendant, pardevant nos amez & feaux les Gens tenans notre Cour de Parlement à Paris, en les exemptant de toutes autres Cours & Jurisdictions quelconques, même des ressorts desdits Presidiaux aux Sieges de Saint Pierre-le-Moutier, &c. & autres,* auxquels toute Cour & connoissance est interdite, à peine d'être punis comme rebelles & desobéissans, injonction aux Procureurs du Roy de faire publier & enregistrer lesdites Lettres ausdits Presidiaux.

Ces Lettres portent qu'elles seront observées inviolablement, *pour en jouir & user pleinement, paisiblement & perpetuellement,* nonobstant oppositions, Edits, Lettres, Arrêts ou Mandemens, *même que par les Edits & Lettres des érections ou établissemens desdits Presidiaux, par inadvertance ou autrement, ledit Pays de Donzyois ait été mis dessous le ressort de Saint Pierre-le-Moutier, & depuis par autres nos Lettres du 18 Août 1552. sous le ressort d'Auxerre, &c. & nonobstant que par lesdites Lettres ou Arrêt du 18 Août, l'on prétende que notredit Cousin le Duc de Nevernois ait été oui pour son interêt.*

Ces Lettres ont été été publiées & enregistrées en la Cour le 26 du même mois de Janvier 1552. & comme elles faisoient absolument cesser le prétexte qui étoit opposé de la part des Officiers d'Auxerre contre les premieres Lettres, ils furent obligés d'y déferer, & l'on ne voit point qu'ils y ayent alors formé aucune opposition.

Fevrier 1552. produites au 22e fac, cote Q.

M. de Nevers ne s'en tint point-là, pour ôter aux Officiers d'Auxerre la connoissance des cas Royaux dans le Donzyois, au mois de Fevrier suivant, le Roy Henry II. en ajoutant aux privileges de Pairie & droits de ressort en la Cour, qui de toute ancienneté avoient été accordées & continuées, pour le Donzyois, par de troisiémes Lettres, a déclaré & ordonné que *le Duc de Nivernois, ses hoirs, successeurs & ayans causes, tiendroient pour l'avenir ledit Pays & Baronnie de Donzyois, ses appartenances & dépendances, en mêmes droits, titres, privileges, prérogatives & prééminences de Pairie de France, perpetuelle & hereditaire, qui lui ont été octroyés pour sondit Pays & Duché de Nivernois, &c.* à cet effet *icelui Pays & Baronnie du Donzyois, Villes, Châtellenies, Terres, Seigneuries, dépendances & appartenances, sont unis & incorporés audit Pays, Duché & Pairie perpetuelle & hereditaire du Nivernois, pour être tenus sous le seul nom dudit Pays & Duché de Nivernois, & être regis & gouvernés par mêmes Loix, Stiles & Coutumes, Juges & Officiers, sauf toutefois aux Seigneurs de Fief, teneurs & mouvances feodales, pour lesquels notredit Cousin sera tenu leur donner bonne & due recompense.*

Ces

13

Ces troifiémes Lettres, portans union du Donzyois au Duché de Nivernois, ont été regiſtrées en la Cour par Arrêt du 23 Fevrier 1552.

Comme l'union du Donzyois au Nivernois, pour être tenu ſous le
ſeul nom de Nivernois, & être regis à l'avenir par mêmes Coutumes,
Pays & Officiers, étoient une nouveauté qu'il étoit neceſſaire de rendre
publique & notoire à tous ceux qui y pouvoient avoir interêt, M. Burdelot Conſeiller en la Cour, fut commis pour ſe tranſporter ſur les
lieux, & faire publier, & mettre leſdites Lettres à execution.

Il eſt vrai qu'au Procès verbal de M. Burdelot qui ſe tranſporta ſur les
lieux, il y eut des oppoſitions, & de la part du Procureur du Roy d'Auxerre,& du Chapitre d'Auxerre, le Siege de l'Epiſcopat d'Auxerre étant
pour lors vacant, & de la part des Habitans & Vaſſaux du Donzyois,
& M. Burdelot ayant ordonné l'execution deſdites Lettres d'érection
& d'union, nonobſtant ces oppoſitions, les oppoſans appellerent de
ſon Ordonnance, & en 1555. releverent l'appel en la Cour.

Leurs oppoſitions avoient chacune leur objet. Celle du Chapitre
avoit pour objet la conſervation de la mouvance du Donzyois, qui eſt
tenu en fief de l'Evêque d'Auxerre,à cauſe de ſa Tour de Varſy, au préjudice de laquelle mouvance le Donzyois ne pouvoit être érigé
en Pairie, qu'en indemniſant l'Evêque d'Auxerre. L'oppoſition du
Procureur du Roy au Bailliage d'Auxerre, avoit pour objet le reſſort & connoiſſance des cas Royaux, dont il ſe trouvoit dépouillé
au moyen de l'union du Donzyois au Nivernois, qui étoit ſous le reſſort du Bailliage de Saint Pierre-le-Moutier.

Enfin l'oppoſition des Habitans & Vaſſaux du Donzyois avoit pour
objet l'union du Donzyois au Nivernois, pour être tenu ſous le
ſeul nom de Nivernois, & regis par mêmes Coutumes, Juges & Officiers ; par là les Habitans & Vaſſaux du Donzyois, ſe trouvoient ſou-
mis à la Coutume de Nivernois, & aux Officiers de Nevers & de Saint
Pierre le Moutier, ce qui étoit des nouvautez onereuſes pour eux &
contraires aux uſages, dans leſquels ils avoient été de toute ancienneté
d'avoir leur Siege du Bailliage à Donzy, qui avoit ſon reſſort immediat au Parlement, ainſi que le Balliage de Nivernois, pour les cas ordinaires, & quant aux cas Royaux qu'ils n'avoient jamais été du Bailliage
de Saint Pierre le Moutier.

Ces oppoſitions formées aux Lettres d'union du Donzyois au Nivernois, ont depuis été reglées & terminées, comme il va être obſervé.

Une obſervation importante, eſt que ces Lettres d'union du
Donzyois au Nivernois, n'avoient rien de commun, avec les préce-
dentes du 20 Janvier 1552. leſquelles n'apportoient aucun changement, & n'avoient pour objet, que d'empêcher le nouveau reſſort que
les Officiers d'Auxerre s'étoient fait attribuer, par les Lettres d'Erection
de leur Preſidial pour les cas Preſidiaux, & de conſerver au Donzyois,
le droit de Pairie & reſſort immediat en la Cour. Ces Lettres du 20 Janvier n'ayans rien de commun avec celles d'union du Donzyois au Nivernois, toutes & quantes fois que les Officiers du Preſidial d'Auxerre ſe
ſont ingerez, de prendre connoiſſance des cauſes du Donyois au pré-

D

judice de son droit de ressort immediat en la Cour, leurs entreprises ont été reprimées par les Arrêts de la Cour.

En 1554. Jean Guyart décreté de prise de corps, par Sentence du Juge de Corvol en Donzyois, s'étant pourvû par appel au Presidial d'Auxerre, & le Lieutenant Criminel ayant refusé le renvoi, il y eu appel comme d'incompetence par M. le Duc de Nivernois.

<table>
<tr><td>15 Novembre 1554. produit au vingt-deuxiéme sac, cotte T.</td><td>Arrêt contradictoire plaidant de Lamoignon pour le Duc de Nivernois, & Foulé pour ledit Guyard, portant qu'il a été mal, nullement & incompetemment jugé par le Lieutenant Criminel d'Auxerre . . . . . Fait défenses au Lieutenant Criminel & Juges Presidiaux d'Auxerre d'entreprendre aucune connoissance des causes & matieres des hommes & sujets & vassaux du Donzyois, & des Terres dudit Duc de Nivernois, ayant leur ressort immediat en ladite Cour auparavant l'Erection desdits Juges Presidiaux, suivant les Lettres du Roy octroyées audit Duc, publiées, verifiées & enregistrées en la Cour, & sera le present Arrêt publié audit Siege Presidial les Plaids tenans.</td></tr>
</table>

Fait défenses au Lieutenant Criminel & Juges Presidiaux d'Auxerre d'entreprendre aucune connoissance des causes & matieres des hommes & sujets & vassaux du Donzyois, & des Terres dudit Duc de Nivernois, ayant leur ressort immediat en ladite Cour auparavant l'Erection desdits Juges Presidiaux, suivant les Lettres du Roy octroyées audit Duc, publiées, verifiées & enregistrées en la Cour, & sera le present Arrêt publié audit Siege Presidial les Plaids tenans.

Dernier May 1555. au vingt-deuxiéme sac, cotte T.

Autre Arrêt sur Requête, par lequel la Cour a ordonné que le précedent du 15 Novembre 1554. seroit executé, avec iteratives défenses audit Lieutenant Criminel & Presidiaux d'Auxerre.

7 Decembre 1555. produit au vingt-deuxiéme sac, cotte V.

Autre Arrêt contradictoire entre le Duc de Nivernois & M. le Procureur General prenant le fait & cause pour son Substitut au Bailliage d'Auxerre, ensuite d'un appointement au Conseil, & sur les productions des Parties, par lequel dit a été, qu'il a été mal, nullement & incompetemment jugé par ledit Lieutenant Criminel d'Auxerre, &c. Renvoye les Parties pardevant le Bailli de Donzyois, & suivant les Ordonnances & Arrêts desdits 15 Novembre 1554. & dernier Mai 1555, ordonne, qu'inhibitions & défenses iteratives seront faites, aufaits Lieutenant Criminel & Juges Presidiaux d'Auxerre, de prendre connoissance des causes & matieres des hommes, sujets & vassaux du Donzyois, & des Terres dudit Duc de Nivernois ressortissans immediatement en ladite Cour. Le present Arrêt lû & publié audit Siege Presidial d'Auxerre au jour d'Audience, les plaids tenans.

12 Decembre 1557. produit au douziéme sac, cotte I.

Autre Arrêt au sujet d'un délit commis dans le Donzyois, dont les Officiers d'Auxerre ayant pris connoissance, M. de Nevers fit intimer le Substitut de M. le Procureur General au Bailliage d'Auxerre, sur l'appel qu'il interjetta, comme d'incompetence & entreprise de Jurisdiction, & par l'Arrêt contradictoire entre le Duc de Nivernois & Donzyois appellant, & M le Procureur General prenant la cause pour son Substitut à Auxerre Intimé, il fut dit qu'il avoit été incompetemment decreté par le Bailli d'Auxerre, & l'Accusé renvoyé pardevant le Juge du Donzyois, avec inhibitions & défenses aux Juges d'Auxerre d'entreprendre aucune connoissance & Jurisdiction sur les sujets du Donziois.

27 Avril 1563.

Autre Arrêt qui a infirmé la Sentence du Bailli d'Auxerre comme Juge incompetent, & a renvoyé les Parties pardevant le Bailli de Donzy.

13 Juin 1575.

Autre Arrêt sur l'appel d'une Sentence des Presidiaux d'Auxerre, qui les a jugez incompetens, & a renvoyé les Parties pardevant le Bailli de Donzy.

Ces 3 Arrêts sont produit au douziéme sac, cotte I.

Par tous ces Arrêts dans tous les cas de la Jurisdiction ordinaire la Cour a maintenu & confervé le Donzyois, dans fon droit de reffort immediat en la Cour, & a fait défenfes aux Officiers du Prefidial d'Auxerre d'en connoître.

A l'égard des cas Royaux qui avoient fait l'objet de l'oppofition que le Subftitut de M. le Procureur General au Bailliage d'Auxerre, avoit formée aux Lettres du mois de Fevrier 1552. portant union du Donzyois au Nivernois, & de l'appel qu'il avoit interjetté de l'Ordonnance de M. Burdelot ' fur cet appel, M. le Duc de Nevers, prétendant qu'en confequence defdites Lettres d'union, les cas Royaux du Donzyois, ainfi que ceux du Nivernois, devoient reffortir au Bailliage de Saint Pierre-le-Moutier, il eft intervenu trois Arrêts fur l'oppofition & appel dudit Subftitut de M. le Procnreur General au Bailliage d'Auxerre.

Premier Arrêt qui a ordonné que les Parties fe communiqueroient, & défenfes de rien innover au préjudice de la litifpendance. 21 May 1556.

Second Arrêt par lequel fur la remontrance qui fut faite pour le Duc de Nevers alors employé à la Treve qui fût faite entre la France, l'Empire & l'Efpagne, le délai de deux mois par lui requis, lui fut accordé, *& ordonné neanmoins, que cependant les chofes demeureroient en l'état qu'elles étoient lors de l'appel interjeté.* 1 Juin 1556.

Par ces deux Arrêts, l'effet des Lettres d'union du Donzyois au Nivernois fe trouvoit en fufpens, fur l'oppofition que le Procureur du Roy au Bailliage d'Auxerre y avoit formée.

Quant à l'oppofition qui y avoit été formée par les Habitans & Vaffaux du Donzyois, c'eft une fuppofition de dire qu'ils ayent adheré aux conclufions des Officiers d'Auxerre, ni que fur leur oppofition & appel il y ait eu aucune procedure, vû qu'ils ne voulurent point avoir d'autre Juge contre leur Seigneur, que lui-même, qui reçut leurs remontrances avec bonté, & les ayant communiquées à fon Confeil, prit un temperament qui fut trouvé jufte & convenable, & aux interêts du Seigneur, & de fes Vaffaux & Sujets du Donzyois : ce temperamment fut que le Donzyois ne demeureroit point affujetti à la Coutume de Nivernois, à laquelle les Trois Etats du Donzyois n'avoient été appellez, & qu'il demeureroit dans fes anciens ufages, que le Siege de Pairie qui étoit à Donzy y refteroit, que les appellations des Châtellenies & Juftices du Donzyois, continueroient d'y reffortir, comme par le paffé, & pour marque de l'union du Donzyois au Nivernois, au lieu qu'il y avoit auparavant deux Baillis, l'un du Donzyois, l'autre du Nivernois, il n'y a eu depuis qu'un Bailli du Nivernois & Donzyois, lequel a deux Lieutenans, l'un à Nevers : & l'autre à Donzy, celui de Nivers a le titre de Lieutenant General du Nivernois & Donzyois, & celui de Donzy n'a eu depuis que le titre de Lieutenant Particulier. La qualité de Lieutenant General donné au Lieutenant de Nevers le droit de venir fieger à Donzy, avec le Lieutenant de Donzy, & les autres Officiers du Siege ; & quant aux Vaffaux du Donzyois, les droits & devoirs dont ils étoient tenus, fuivant la Coutume du Donzyois, font demeurez les mêmes, au moyen de quoi lefdits Habitans fe font défiftez de leur oppofition, leur acte de défiftement du 7 Juin 1556. eft produit au procès par M. de Nevers au dix-neuviéme fac.

L'opposition des Habitans de Donzy aux Lettres d'union ainsi terminée, il n'est resté que celle du Procureur du Roy au Bailliage d'Auxerre, & celle de l'Evêque d'Auxerre.

A l'égard de l'opposition de l'Evêque d'Auxerre les difficultez pour regler l'indemnité pour sa mouvance n'ayant pû se concilier, il ne fut pas possible de rien terminer.

Quant au Procureur du Roy d'Auxerre pour les Officiers de son Siege, pour se concilier, le Lieutenant Criminel d'Auxerre se transporta à Donzy ; cet Officier principal du Siege pour faire voir que l'opposition qui avoit été formée par le Procureur du Roy du Bailliage & Presidial d'Auxerre ne regardoit point la Pairie ; mais qu'elle avoit pour unique objet l'union de Donzyois au Nivernois pour être jugé par les mêmes Juges, uninion qui tendoit à ôter au Bailliage & Presidial d'Auxerre, la connoissance des cas Royaux dans le Donzyois pour l'attribuer au Bailliage de Saint Pierre-le-Moutier, dans l'étendue duquel étoit le Nivernois, il en fit une déclaration par écrit en forme de procuration qui est produite au procès.

Procuration donnée par Me Guillaume Dubroc, Conseiller du Roy, Juge Magistrat, & Lieutenant Criminel au Bailliage & Siege Presidial d'Auxerre portant pouvoir de déclarer pardevant Nosseigneurs de Parlement à Paris, que ledit constituant comme Lieutenant Criminel susdit n'a jamais entendu, comme il n'entend encores de presens ni à l'avenir prétendre, Cour, connoissance, ou Jurisdiction sur les Sujets des Seigneurs & Dame, Duc & Duchesse de Nevers en leur Pairie du Donzyois, sinon ès cas desquels suivant les Edits & Ordonnances du Roy la connoissance en appartient andit constituant, tant par prévention que privativement aux Officiers desdits Sieur &Dame, & que sur le reglement de la Pairie par eux prétendue audit Pays, ledit constituant se remet & rapporte à nosdits Seigneurs de Parlement.

A la faveur de cette déclaration qui fut laissée au Procureur Fiscal de Donzy pour être communiquée à M. le Duc de Nivernois, & lui faire voir que ses droits de Pairie pour le Donzyois ne lui étoient point contestez, & que l'opposition des Officiers d'Auxerre aux Lettres du mois de Fevrier 1552. portant érection du Donzyois en Pairie avec union au Nivernois, n'avoit pour objet que les cas Royaux, & non point l'érection en Pairie sur laquelle ils s'en rapportoient à la Cour. C'est en cet état qu'est intervenu l'Arrêt entre l'Evêque d'Auxerre & & les Officiers d'Auxerre par un expedient pris pour laisser l'opposition de l'Evêque indecise, en ordonnant une plus ample contestation, & quant à l'opposition des Officiers d'Auxerse, par cet Arrêt la Cour *a ordonné que par provision les cas Royaux dudit Païs de Donzyois ressortiroient pardevant le Bailli d'Auxerre.*

Telles sont les circonstances de la seconde époque depuis 1551. que les Presidiaux ont été crées jusques en 1581. qu'est interuenu l'Arrêt du 14 Août qui a adjugé aux Officiers d'Auxerre le Ressort des cas Royaux, qui avoient fait l'objet de leur opposition aux Lettres d'union du Donzyois au Nivernois.

De toutes ces circonstances de la seconde époque, il resulte trois faits certains.

Le premier, que les Officiers d'Auxerre ayant saisi l'occasion de
l'érection

21 Janvier 1575.
produite au 19e sac.

14 Août 1581.

l'érection des Presidiaux dans les Bailliages Royaux pour se faire attribuer le ressort du Donzyois dans les cas Presidiaux, la tentative qu'ils
ont faite à cet égard n'a servi qu'à faire confirmer de plus en plus le
droit de ressort immediat en la Cour, dont le Donzyois jouit depuis
quatre siecles, droit dans lequel le Roy Henry II. par ses Lettres Patentes du 20 Janvier 1552. regiſtrées en la Cour, a maintenu & conservé les Seigneurs, Vaſſaux & Habitans du Donzyois *pour en jouir pleinement, paiſiblement & perpetuellement*, nonobſtant que par inadvertance
ou autrement il eut été compris dans les Lettres d'érection du Preſidial
d'Auxerre.

Le ſecond fait eſt que par des Lettres du mois de Fevrier 1552.
le Roy a ajouté au droit de Pairie porté par celles du mois de Janvier l'érection du Donzyois en Pairie avec union au Nivernois, auſquelles Lettres les Officiers d'Auxerre s'étans oppoſez en ce qu'elles
leur ôtoient la connoiſſance des cas Royaux ſur leur oppoſition, le
reſſort des cas Royaux leur a été adjugé par ledit Arrêt de 1581.

Enfin le troiſiéme fait eſt, qu'à l'exception des cas Royaux toutes
& quantes fois que les Officiers d'Auxerre ſe ſont ingerez de connoître des cauſes du Donzyois au préjudice de ſes droits de Pairie, & de
reſſort immediat en la Cour; la Cour par ſes Arrêts contradiĉtoires leur
a fait défenſes d'en connoître.

TROISIÉME EPOQUE

*Contenant ce qui s'eſt paſſé depuis 1581. juſques en 1665. que
le procès qui eſt à juger a commencé.*

Dans cette troiſiéme époque il y a eu pluſieurs Arrêts de la Cour, par
leſquels, lorſqu'il a été queſtion des cas Royaux, en conformité de l'Arrêt de 1581. la Cour a jugé, que la connoiſſance en devoit appartenir
au Baillage d'Auxerre. Mais lorſqu'il a été queſtion de tous autres cas
dont les Officiers d'Auxerre ſe ſont ingerez de connoître au preju-
dice des droits de reſſort du Donzyois, la Cour en conformité des
Lettres du 20 Janvier 1552. qui leur en a interdit la connoiſſance,
a reprimé leur entrepriſes.

Suivons par ordre de date les Arrêts qui ſont intervenus depuis 1581.

Le premier eſt un Arrêt contradiĉtoire rendu à l'occaſion des Etats
de Blois convoquez en 1576. où chaque Province avoit envoyé ſes
Députez: pour fournir aux frais de leurs voyages, il fut fait une im-
poſition dans chacun Bailliage; M. le Duc de Nevers, s'étant pourvû
par appel, contre celle qui avoit été faite au Bailliage d'Auxerre, en ce
que l'on y avoit compris le Donzyois.

Arrêt dans lequel eſt tranſcrit le Plaidoyer & moyens de Me Chau-
velin Avocat pour les Officiers d'Auxerre, qui a remontré, *que par
Arrêt contradiĉtoire du 14 Août 1581. a été nommément ordonné que pour
ce qui eſt des cas Royaux au Donzyois, la connoiſſance en appartient à ceux
d'Auxerre, eſt notoirement la taxe pour les Députez aux Etats un cas Royal,
& que partant ce qui a été fait à Auxerre doit demeurer: ſur ces moyens*

20 Juin 1585.

E

qui compofent tout le Plaidoyer des Officiers d'Auxerre, par l'Arrêt *la Cour appointe les Parties au Confeil fur les appellations, cependant par provifion, en confequence de l'Arrêt prefentement lû, ordonne que la taxe faite par les Officiers du Bailliage d'Auxerre tiendra, & le tout fans préjudice des droits des Parties au principal.*

Cet Arrêt eft l'execution précife de celui de 1581. qui avoit appointé fur le fond au Confeil, & avoir adjugé par provifion la connoiffance des cas Royaux au Bailliage d'Auxerre.

Dernier Juillet 1597.
Cet Arrêt eft produit au 22e fac par M. de Nevers fous la cote AA.

Second Arrêt contradictoire dont voici le fait. Les Officiers d'Auxerre fur le fondement de l'Arrêt du 14 Août 1581. avoient appellé à leurs Affifes les Officiers de Donzy, & faute par eux d'y comparoître avoient prononcé des amendes contr'eux. Pour le payement de ces amendes le fieur Lafné Lieutenant au Bailliage & Pairie de Donzy, fut arrêté, & il fut fait des faifies & executions des meubles des autres Officiers, lefquels prirent à Partie les Officiers d'Auxerre, qui fe prétendirent follement intimez. Sur cette conteftation voici le difpofitif de l'Arrêt : *La Cour pour le regard de la folle intimation prétendue par les Intimez, a mis & met les Parties hors de Cour & de Procès fans dépens, & faifant droit fur les appellations interjettées par les Appellans, met les appellations & ce dont a été appellé au neant, fait mainlevée aux Appellans de leurs perfonnes & bien faifis, &c. Au furplus la Cour ordonne que l'Arrêt du 14 Août 1581. portant adjudication par provifion au Bailly d'Auxerre, ou fon Lieutenant, des cas Royaux de tout le pays de Donzyois fera entretenu & obfervé, auquel Arrêt les Parties obeïront, & répondront lefdits Appellans pardevant le Bailly ou fon Lieutenant, ou autre par lui commis, qui fe tranfportera fur le lieu de la féance, fur ce qui concerne les cas Royaux, quand befoin fera*

Il y a trois obfervations contradictoires à faire fur cet Arrêt; la premiere eft que la Cour a infirmé les condamnations d'amende prononcées au Siege d'Auxerre contre les Officiers de Donzy, aufquels elle a fait main-levée, & a jugé que les Officiers d'Auxerre ne pouvoient obliger les Officiers du Donzyois d'aller à leur Siege.

La feconde eft que par cet Arrêt la Cour a ordonné l'exécution de l'Arrêt du 14 Août 1581. qui avoit adjugé par provifion les cas Royaux, au Bailly d'Auxerre, dans tout le pays de Donzyois.

La troifiéme eft que ce n'eft que *fur ce qui concerne les cas Royaux,* que la Cour a ordonné que les Officiers du Donzyois répondroient aux Affifes du Bailly d'Auxerre, fon Lieutenant, ou autre par lui commis, *qui fe tranfportera fur le lieu de la féance*; c'eft donc au lieu du Siege de Donzy, où fe tiennent les Affifes du Donzyois, que le Lieutenant ou un Confeiller du Siege d'Auxerre, commis pour cet effet, font autorifés de venir tenir leurs Affifes, pour les cas Royaux.

18 Mai 1604. produit au fixiéme fac, par les Officiers d'Auxerre, cotte P.

Troifiéme Arrêt contradictoire au fujet de l'Arriere-ban, fur la queftion de fçavoir, fi la Nobleffe du Donzyois iroit à l'Arriereban d'Auxerre ou du Nivernois, comme l'a prétendu M. le Duc de Nevers, appellant de l'Ordonnance du Bailly d'Auxerre, par laquelle la Nobleffe du Donzyois avoit été convoquée.

L'on ne peut donner une plus jufte idée du jugé de cet Arrêt, qu'en rapportant le Plaidoyer de M. de Serie, Avocat General, tel qu'il eſt tranſcrit dans l'Arrêt.

Serie pour notre Procureur General, a dit que comme le Duc de Nivernois doit être conſervé en ſes droits, pour la Pairie du Donzyois, tant en conſideration de ce qu'il a l'honneur de nous appartenir, qu'à cauſe de l'Arrêt de vérification de l'an 1552. il ne faut pas auſſi que nos droits ſoient abandonnés, ni les cas Royaux ôtés aux Officiers d'Auxerre, qui s'ils ne s'étoient bien enquis des droits Royaux, & ne les ſoutenoient, auroient été coupables d'avoir trahi notre cauſe qu'ils devoient maintenir & défendre fermement, comme ils feront en cette rencontre, pour quoi faire n'eſt beſoin de rapporter en cette cauſe la vieille conteſtation d'entre les Habitans d'Auxerre & les Barons de Donzy, ni en quelles Maiſons a été le Donzyois, d'autant que la queſtion principale ayant été amplement agitée, la Cour a reglé les Parties par l'Arrêt dt 14 Août 1581. qu'il rappelle ences termes avoir jugé, que par proviſion les cas Royaux du Donzyois reſſortiront pardevant le Bailly d'Auxerre; enfin M. de Serie finit en diſant, *qu'entre tous les cas Royaux un des plus grands & ſignalés eſt celui de l'Arriere-ban, &c.* & conclud à la confirmation de l'Ordonnance dont eſt appel, *en autoriſant* (dit-il) *les Intimés Juges Royaux auſquels ils adherent comme ils ont fait par leur Plaidoyer en 1581.*

Conformément à ces concluſions, la Cour par ſon Arrêt a confirmé l'Ordonnance du Bailly d'Auxerre, pour la convocation de l'Arriereban, ſans amende & dépens.

Quatriéme Arreſt ſur appel d'une Sentence du Bailliage d'Auxerte, au ſujet de l'appel d'une Sentence du Juge Châtelain de Druye, qui eſt une des Châtellenies du Donzyois, reſſortiſſantes au Bailliage de Donzy; cet appel ayant été porté à Auxerre, ſans s'arrêter au renvoi requis par M. le Duc de Nevers, lès Juges d'Auxerre en avoient retenu la connoiſſance, la Cour, ſur l'appel de la Sentence de deni de renvoi, a infirmé la Sentence du Bailly d'Auxerre, & *a renvoyé au mois la cauſe d'appel du Juge de Druye, & les Parties pardevant le Bailly de Donzy ou ſon Lieutenant pour y faire droit.*

Autre Arreſt qui a reçû Charles de Gonzagues appellant, & a fait défenſes aux Officiers du Preſidial d'Auxerre & au Receveur du Domaine de rien attenter au préjudice des appellations, dont la Cour étoit ſaiſie, à peine de nullité, de tous dépens, dommages interêts, & que ſi aucune choſe a été payée, des amendes portées par les Jugemens dont eſt appel, il ſera rendu, à ce ſaire les Dépoſitaires contraints, même par empriſonnement de leur perſonne.

Depuis cet Arreſt les Officiers d'Auxerre ont profité de l'abſence de Charles de Gonzagues Duc de Nevers, qui fut employé en differentes négociations, comme l'Hiſtoire nous l'apprend dans les Memoires que nous avons ſous ſon nom; il paſſa enſuite en Italie où Vincent Second ſon Couſin, Duc de Mantoue & de Montferrat étant mort, le Duc de Nevers, qui étoit ſon heritier & parent le plus proche, prit poſſeſſion de ſes Etats; il eut à cet égard des guerres à ſoutenir contre le Duc de Savoye & contre l'Empereur Ferdinand, qui lui refuſa l'inveſtiture de ces Duchez, dans la poſſeſſion deſquels il fut main-

11 Mai 1610. produit au dix-neuviéme ſac.

5 Août 1623. produit au 19e ſac.

tenu & confervé ; le Roi Louis XIII. s'étant declaré pour lui , & lui ayant envoyé des fecours.

Les dettes que le Duc de Nevers fut obligé de contracter , pour fe maintenir dans fes nouveaux Etats, furent fuivies de pourfuites & de faifies des revenus de fon Duché de Nevers , qui fut enfin faifi réellement en 1649. & les revenus, en bail judiciaire, jufqu'en 1659, qu'il prit le parti pour s'acquitter de vendre fon Duché de Nivernois & Donzyois au Cardinal de Mazarin , par contrat du 11 Juillet 1659.

Le Cardinal alors inftruit par les Officiers du Donzyois des violences que les Officiers d'Auxerre exerçoient contr'eux , & de leurs differentes entreprifes pour s'attribuer le reffort des caufes du Donzyois au préjudice des Lettres d'Henry II. & des Arrêts de la Cour, qui en avoient ordonné l'exécution , donna fa Requête à la Cour pour être reçû Appellant des Jugemens rendus par les Prefidiaux d'Auxerre , & contre les Officiers de Donzy & les particuliers Vaffaux du Donzyois y reffortiffans , tant comme de Juges incompétens qu'autrement.

11 Decembre 1659. produit au vingt-deuxiéme fac. , cotte E E.

Arreft fur la Requefte par lequel le Cardinal Mazarin fut reçû appellant , *& cependant défenfes particulieres de rien faire , au préjudice des dites appellations, ni d'attenter aux perfonnes & biens defdits Juges de Donzy, & Particuliers Vaffaux de la Pairie, à peine de 1000 liv. d'amende , &c.*

11 Mai 1660. produit au vingt-deuxiéme fac, cotte EE.

Autre Arreft qui a reçû le Cardinal Mazarin appellant comme d'incompétence d'une Sentence rendue par les Prefidiaux d'Auxerre fur un appel de Sentences du Juge de Donzy , *& cependant a fait défenfes de mettre ladite Ordonnance & Sentence defdits Prefidiaux d'Auxerre à exécution.*

Octobre 1660. eodem.

Lettres Patentes obtenues par le Cardinal Mazarin , par lefquelles le Roi déclare *qu'il continue & confirme le titre , dignité & prérogatives de Duchés & Pairies pour le Nivernois & Donzyois , pour en jouir par notredit Coufin le Cardinal Mazarini , fes Heritiers, Succeffeurs & ayans caufe à titre perpetuel & héréditaire , &c. en la meilleure forme que les Ducs de Nivernois & Donzyois en ont joui.*

La maladie dont le Cardinal Mazarin fut atteint auffi-tôt après ces Lettres , & dont il eft mort au mois de Mars 1661. le mit hors d'état de venir au Parlement pour fe faire recevoir & prêter ferment.

Après fa mort le Duché de Nivernois & Donzyois a paffé au Marquis de Mancini fon neveu auquel il en a fait un legs par fon teftament, portant que le fieur de Colbert en auroit l'adminiftration, jufqu'à ce que ledit fieur de Mancini fût majeur, & par le même teftament, il a fait & inftitué fes heritiers & legataires univerfels, Armand-Charles Duc de Mazarini, & Hortenfe de Mancini fon époufe.

La mort du Cardinal Mazarin & la minorité du Duc de Nevers fon neveu ont paru alors aux Officiers d'Auxerre, une occafion favorable pour renouveller leurs entreprifes, fur le reffort du Donzyois ; pour cet effet ils ont furpris un Arreft en vacations fur leur Requête , tendante à ce que commiffion leur fût donnée pour affigner le Baron de Donzy pour proceder fur l'oppofition qu'ils formoient à l'Arreft du 11 Decembre 1659.

25 Octobre 1661. produit au vingt-deuxiéme fac , cotte N.

Cependant que les Arrefts des 23 Mars 1523. Lettres Patentes d'Henry II. du 18 Août 1552. & l'Arreft de vérification du 22 Decembre audit

an,

en, & l'Arrest du 14 Août 1581. fussent exécutés, eu égard à leur possession immemoriale, & sur cette Requête la Cour par son Arrest les a reçûs opposans, & a ordonné que commission leur seroit délivrée pour assigner qui bon leur sembleroit, aux fins de leur Requête ; *cependant par provision il est dit que, sans préjudice des droits des Parties au principal, seront les Arrests des 23 Mars 1523, 22 Decembre 1552 & 14 Août 1581. qui ont jugé que le Donzyois étoit du ressort du Bailliage d'Auxerre exécutés, fait défenses d'y contrevenir.*

Les Officiers d'Auxerre de leur propre autorité, & sans que la Cour l'eût ordonné, au lieu de l'assignation qu'il leur étoit permis de faire donner, par Sentence rendue en leur Siege Presidial, ont ordonné, *que ledit Arrêt seroit imprimé, & copie d'icelui seroit portée dans toutes les Justices de la Baronnie de Donzy, pour y être lû, publié & enregistré, & enjoint aux Officiers desdites Justices d'envoyer certificat de la lecture & enregistrement au Procureur du Roi dans la quinzaine.*

Le 12 Decembre 1661. transport des sieurs Nison, Marie & Chapotin, Conseillers, Juges Magistrats du Presidial d'Auxerre, députez par le Presidial, en la ville de Donzy, avec sommation aux Officiers de Donzy qu'ils eussent à se rendre en l'Auditoire pour y être procedé à la publication & enregistrement de l'Arrêt de la Cour & de leur Ordonnance Presidiale, en execution de laquelle ces trois Magistrats ont pris séance au Siege de Donzy ; & là le Procureur du Roi d'Auxerre ayant requis la publication & enregistrement, l'Avocat & le le Procureur Fiscaux de Donzy s'y sont opposés comme à un Arrêt surpris sur Requête, sans Partie appellée, & au préjudice des Letres Patentes enregistrées en la Cour, & des Arrêts contradictoires rendus avec M. le Procureur General, prenant le fait & cause de son Substitut ; à quoi a été fait réponse par le Procureur du Roi d'Auxerre, qu'il *y avoit de l'implicance qu'une simple Baronnie eut droit de ressort immediat en la Cour* ; & suivant son requisitoire lesdits trois Conseillers ayant ordonné la publication & enregistrement dudit Arrêt, l'Avocat & Procureur Fiscal se sont rendus Appellans de leur Ordonnance, avec protestation de les prendre à partie.

Le sieur Lebas Tuteur du Duc de Nevers s'est pourvû contre cette entreprise, & a obtenu Arrêt, par lequel il a été reçu opposant à l'exécution dudit Arrêt du 25 Octobre 1661. & appellant, tant comme de Juge incompétent qu'autrement de tout ce que le Presidial d'Auxerre avoit fait en exécution d'icelui, & permis d'intimer & prendre à partie les Officiers dudit Presidial en leur propre & privé nom ; & cependant défenses aux Officiers d'Auxerre de rien innover.

Autre Arrêt contradictoire, qui a fait défenses aux Officiers d'Auxerre de rien entreprendre sur le Donzyois. Au préjudice de cet Arrêt le Lieutenant Criminel d'Auxerre, sans s'arrêter au renvoi requis devant le Juge de Donzy, où ressortissent les appellations de Corvol l'Orgueilleux, ayant rendu une Sentence le 11 Decembre, Arrêt par lequel ledit tuteur du Duc de Nevers a été reçu appellant, comme de Juge incompétent, & cependant *défenses d'exécuter ledit Jugement, & audit Lieutenant Criminel & tous autres de prendre connoissance des*

F

differends des justiciables de Donzy, à peine de 1000 *liv. d'amende, dépens, dommages & interêts, jusqu'à ce qu'autrement par la Cour en eût été ordonné.*

Cet Arrêt, non plus que les précedens, signifiés aux Officiers d'Auxerre, bien loin d'arrêter les entreprises des Officiers d'Auxerre, n'a servi qu'à les aigrir contre les Lieutenant & Procureur Fiscal de Donzy, qu'ils ont par Sentence du 15 Mars 1663. sur le requisitoire du Procureur du Roi, non seulement condamnés chacun en 200 liv. d'amende, pour s'être opposés à l'exécution de leurs Jugemens, au payement de laquelle ils seroient contraints par corps, & conduits ès prisons d'Auxerre, mais en outre decreté le Procureur Fiscal ; & enjoint à Frezot Huissier, de mettre leur Ordonnance à exécution. Cette nouvelle entreprise a été arrêtée par un Arrêt de la Cour du 29 Mai 1663. portant *défenses d'exécuter les Sentences d'Auxerre, & aux Parties de faire poursuites ailleurs qu'en la Cour.*

29 Mai 1663. produit au vingt-deuxiéme sac, cotte EE.

Malgré toutes ces défenses faites aux Officiers d'Auxerre par les Arrêts de la Cour signifiés aux Officiers d'Auxerre, ils ont mis leurs condamnations d'amendes prononcées contre les Officiers du Donzyois à exécution, ce qui a donné lieu à un nouvel Arrêt du 17 Août 1663. par lequel la Cour en ordonnant l'exécution des Arrêts précedens, *a réiteré les défenses portées par iceux, & d'exécuter lesdites condamnations d'amendes, &c. & que les sommes reçues & provenantes de la Cavale dont est question, seroient rendues & restituées, audit Lauvergeon, l'un des Officiers du Donzyois, à ce faire les Dépositaires contraints.*

17 Août 1662. Arrêt produit au 22ᵉ sac, cotte EE.

Pareilles violences de la part des Officiers d'Auxerre contre les Officiers du Duc de Nevers en sa Châtellenie du Châtel-Sensoy qui est un membre & dépendances de son Duché de Nivernois, où les Officiers d'Auxerre s'étoient transportés, pour y faire mettre à execution, les amendes par eux prononcées, & avoient fait rompre les portes de l'Auditoire & celles des Prisons, avoient fait enlever les meubles du Juge & du Procureur Fiscal.

2 Mars 1663. produit au 23ᵉ sac, cotte N.

Contre ces enteprises violentes & voyes de fait, le Duc de Nevers a obtenu un premier Arrêt le 2 Mars 1663. qui l'a *reçu Appellant, tant comme de Juge incompetant* qu'autrement, des Jugemens & Ordonnances des Officiers du Presidial d'Auxerre, portant condamnation d'amende, saisies & executions faites en consequence, des meubles desdits Officiers de Châtel-Sensoy : *Cependant fait défenses de passer outre & de faire poursuite ailleurs qu'en la Cour, & main-levée des choses saisies sur lesdits Officiers de Châtel-Sensoy, à la restitution seront les gardiens contraints par corps, ce faisant dechargés.*

Nonobstant les défenses & la main-levée prononcées par l'Arrêt de la Cour, ils ont fait vendre les meubles, qu'ils avoient fait saisir & enlever, & que le Greffier du Presidial dépositaire avoit été condamné de restituer; nouvelles plaintes à la Cour de ce mepris des Arrêts, & sur la Requête par Arrêt du 22 May 1663. *la Cour a ordonné que ledit Arrêt du 2 Mars dernier, sera executé selon sa forme & teneur, & ce faisant conformément à icelui que les deniers provenus de la vente des meubles du Juge Lieutenant & Procureur Fiscal de Châtel-Sensoy, leur seront rendus &*

22 May 1663. produit au 11ᵉ sac, cotte N.

restitués, à ce faire le Greffier dudit Presidial d'Auxerre, & autres ès mains desquels ils ont été déposés, contraints par toutes voyes, même comme dépositaires, ce faisant dechargés.

Autre Arrêt sur requête qui a reçu ledit sieur Lebas tuteur, Appellant d'une Séntence d'Auxerre du 13 Avril 1665. & cependant défenses aux Officiers d'Auxerre de plus contrevenir, ni connoître des differends des Justiciables du Nivernois & Donzyois, & d'attenter à leurs personnes & biens, & main-levée des choses sur eux saisis. Signification dudit Arrêt au Greffier d'Auxerre du premier Juin 1665. *(8 May 1665. Produit par les Officiers de Donzy, cotte J.)*

Par tout ce qui s'est passé depuis l'Arrêt de 1581. par lequel la Cour a jugé que par provision les Officiers du Bailliage d'Auxerre auroient la connoissance des cas Royaux dans le Donzyois, & par tous les Arrêts qui depuis sont intervenus, l'on voit, que d'un côté, lorsqu'il a été question des cas Royaux, la Cour en execution de son Arrêt de 1581. a maintenu les Officiers d'Auxerre dans le droit d'en connoître, & d'autre part pour tous les autres cas dont la connoissance appartient aux Juges des lieux, & pour lesquels le Donzyois a son droit de ressort immédiat en la Cour en vertu des Lettres Patentes & Arrêts qui ont été observés dans les deux premieres époques du fait. Les entreprises, violences & vexations que les Officiers des Presidiaux d'Auxerre ont exercées contre ceux du Donzyois & de Châtel-Sensoy pour s'en arroger le ressort, ont été reprimées par les Arrêts de la Cour qui ont fait des défenses aux Officiers d'Auxerre d'attenter aux personnes & biens des Juges du Donzoys & des Particuliers & Vassaux de ladite Pairie.

Comme au mepris de ces défenses portées par les Arrêts de la Cour, les Officiers d'Auxerre continuoient leurs entreprises & vexations contre ceux du Donzyois & de Châtel-Sensoy, pour y mettre fin, voici quelle a été la procedure.

PROCEDURE.

Requêtes données en la Cour par le sieur Lebas tuteur du Duc de Nevers, aux fins desquelles les Officiers d'Auxerre ont été intimés, à ce que les Arrêts de la Cour fussent executés, & qu'il leur fût fait iteratives défenses d'y contrevenir ni d'entreprendre la connoissance des Justiciables de la Pairie du Donzyois & de la Châtellenie de Châtel-Sensoy dépendante du Duché de Nivernois, ni d'attenter à leurs personnes & biens, & pour l'avoir fait que l'amende de mille livres portée par les Arrêts de la Cour demeureroit encourue. *(10 & 18 Decembre 1665.)*

Requête des Officiers d'Auxerre à ce qu'il soit ordonné que par provision, & sans préjudice du droit des Parties au principal, ils continueront de jouir du droit de Ressort & Jurisdiction dans l'étendue des Baronnies & Pays de Donzyois & Châtellenies de Châtel-Sensoy; défenses à M. le Duc de Nevers de les y troubler, & à tous Particuliers & Habitans desdits lieux de se pourvoir ailleurs que pardevant eux. *(13 Mars 1685.)*

Sur ces Requêtes & demandes provisoires la Cour a appointé les Parties à mettre par deux premiers Arrêts. *(16 Janvier 1666. & 17 Mars 1685.)*

Requête des Officiers d'Auxerre à ce qu'ils soient reçus opposans *(30 Juin 1668.)*

aux Arrêts des 15 Novembre 1575. 7 Decembre 1555. 18 Decembre 1653. 3 Juin 1575. 11 May 1610. 28 Fevrier 1642. 19 Juillet & 11 Decembre 1659. 29 Juillet 1661. 26 May 1662. 20 Fevrier, 2 Mars, 22 & 29 May, 26 Juin & 17 Août 1663. & autres produits par le sieur Lebas, en ce qu'ils font préjudice à leur droit de Ressort & Jurisdiction sur le Donzyois & Châtel-Senfoy, & pour faire droit sur l'opposition au principal, & sur les requêtes du sieur Lebas, renvoyer les Parties à l'Audience, & cependant ordonner que l'Arrêt contradictoire du premier Juin 1556. & autres par eux obtenus seront executés, & en consequence que par provision ils jouiront du Ressort & Jurisdiction sur les Habitans, Sujets & Justiciables de Donzyois & sur la Châtellenie de Châtel-Senfoy ; défenses aufdits Habitans & Justiciables defdites terres de relever leurs appellations ailleurs qu'en leur Bailliage & Presidial.

3 Fevrier 1691.

Arrêt par lequel à la vûe de ces demandes & de leur importance, la Cour a converti les appointemens à mettre en appointemens en droit.

Cet appointement a été suivi de Requêtes respectivement données contenant de nouvelles conclusions sur le fond.

18 May 1693.

Requête des Officiers d'Auxerre tendante à ce qu'il leur soit donné acte de ce qu'en réiterant l'opposition formée par le Substitut de M. le Procureur General au Presidial d'Auxerre à l'execution des Lettres Patentes du mois de Janvier 1552. & à l'Arrêt de verification du 26 dudit mois, rendu sans Parties ouies, ils s'opposent d'abondant, ce faisant les recevoir opposans à leur execution, en consequence sans s'arrêter à la prétendue érection de la Baronnie & Pais de Donzyois en Pairie, union & incorporation de ladite Baronnie à la Pairie & Duché de Nivernois pour être tenue & possedée sous le Ressort immédiat de la Cour, les maintenir & garder en la possession du droit de Ressort ordinaire & Jurisdiction sur tous les Habitans, Sujets & Justiciables de ladite Baronnie, Terres & Justices en dépendantes ; défenses à M. le Duc de Nevers & à ses Officiers de les y troubler, & aufdits Habitans, Sujets & Justiciables de se pourvoir ailleurs qu'audit Bailliage & Presidial d'Auxerre.

Au bas de la Requête, est l'Ordonnance qui donne acte de l'emploi & appointe & joint.

Requête de la part de M. le Duc de Nevers à ce que, sans s'arrêter à l'opposition formée par lesdits Officiers du Bailliage & Presidial d'Auxerre dans laquelle ils seront déclarés non-recevables, en tout cas mal fondés, les Lettres Patentes du 20 Janvier & l'Arrêt de la Cour du 26 dudit mois de Janvier 1552. qui en a ordonné l'enregistrement & execution, ensemble les Arrêts contradictoires de la Cour des 7 Decembre 1555 & 12 Octobre 1557. qui en ont ordonné l'execution contre lesdits Officiers du Presidial d'Auxerre, soient executés selon leur forme & teneur, en consequence maintenir M. le Duc de Nevers dans la possession du droit de Ressort immediat en la Cour, dont la Baronnie & Pays de Donzyois, ainsi que celui du Nivernois, sont en possession depuis quatre siécles, en vertu des Lettres Patentes qui l'ont accordé, bien auparavant la création du Bailliage d'Auxerre, faire iteratives

défenses

défenſes aux Officiers d'Auxerre de contrevenir auſdites Lettres &
Arrêts, & d'y troubler M. de Nevers, ſes Officiers du Bailliage de Donzy
& ceux des Juſtices en dépendantes & reſſortiſſantes audit Bailliage, &
les Vaſſaux & Juſticiables dudit Pays de Donzyois ; défenſes d'entreprendre ſur la Juriſdiction dudit Donzyois, & de prendre aucune connoiſſance des cauſes & Vaſſaux & Juſticiables dudit Donzyois, fors &
excepté dans les cas Royaux & privilegiés, & pour leur contravention
aux Arrêts de la Cour, déclarer les amendes portées par leſdits Arrêts encourues, & les condamner aux dommages & interêts, & aux dépens ; au
bas de cette Requête Ordonnance d'appointé & joint.

Requête d'intervention des Officiers du Bailliage & Pairie de Donzy,   17 Août 1688.
tendante à ce que les Arrêts des 15 Novembre 1554. dernier May & 7
Decembre 1555. & autres ſeront executés ; ce faiſant les maintenir &
garder dans la poſſeſſion & jouiſſance en laquelle ils ſont d'exercer
la Juſtice du Bailliage & Siege de Pairie du Donzyois reſſortiſſante
immédiatement en la Cour, faire défenſes aux Officiers d'Auxerre de
les y troubler, ordonner qu'en conformité de l'Arrêt de la Cour du 7
Decembre 1555. l'Arrêt qui interviendra ſera publié au Preſidial
d'Auxerre, & condamner les Officiers d'Auxerre aux dépens.

Enfin par rapport au Châtel-Senſoy autre Requête de M. le Duc de   16 Juin 1706.
Nevers, par laquelle il demande que les Lettres du mois de Janvier
1538. & l'Arrêt de la Cour du 17 Fevrier ſuivant qui les a verifiées
ſoient executés ſelon leur forme & teneur ; ce faiſant que la Châtellenie
du Châtel-Senſoy compriſe dans leſdites Lettres comme un ancien
membre & dépendances du Duché de Nivernois, reſſortira comme
elle a toujours fait de toute ancienneté, ainſi que toutes les autres Châtellenies dudit Duché, au Bailliage & Pairie du Nivernois ; faire défenſes
auſdits Officiers du Bailliage & Preſidial d'Auxerre de troubler M. de
Nevers, ni ſes Officiers dans la poſſeſſion dudit Reſſort, & pour l'avoir
fait & eu égard aux vexations faites dans ladite Châtellenie, qui ont
donné lieu au Sequeſtre, les condamner aux dommages & interêts,
les débouter de leurs demandes & prétentions avec dépens.

ETAT DE LA CONTESTATION.

Elle a pour objet & le Reſſort du Donzyois & celui de la Châtellenie
du Châtel-Senſoy dépendante du Nivernois.

Ces deux Reſſorts ſont reclamés par les Officiers du Preſidial
d'Auxerre, qui prétendent que le Donzyois & Châtel-Senſoy doivent
reſſortir à leur Baillliage & Preſidial, & demandent que défenſes ſoient
faites aux Habitans, Sujets & Juſticiables du Donzyois, & de même à
ceux du Châtel-Senſoy de relever leurs appellations ailleurs qu'en leur
Siege.

Mais comme leur demande à l'égard du Donzyois eſt contraire à
des Lettres Patentes de 1552. verifiées en la Cour, par leſquelles il
eſt ordonné que le Donzyois ſera tenu & poſſedé ſous le reſſort immédiat de la Cour, ainſi qu'il a été d'ancienneté, qu'elle eſt auſſi contraire
aux Arrêts de la Cour qui ont ordonné l'execution de ces Lettres Paten-

tes, ils demandent d'être reçus oppofans, aufdites Lettres Patentes, à l'Arrêt qui en a ordonné la publication & l'enregiftrement, & aux Arrêts de la Cour qui en ont ordonné l'execution, leur faifant défenfes de prendre connoiffance des caufes & matieres du Donzyois & du Nivernois reffortiffantes immédiatement en la Cour.

M. le Duc de Nevers qui fe renferme à demander l'execution & des Lettres Patentes verifiés en la Cour & des Arrêts qui l'ont ordonnée, foutient que le Prefidial d'Auxerre n'eft ni recevable ni bien fondé dans l'oppofition formée, tant aux Lettres Patentes & à l'Arrêt qui en a ordonné l'enregiftrement qu'aux Arrêts de la Cour qui en ont ordonné l'execution.

Ainfi la premiere queftion eft de fçavoir, fi les Officiers d'Auxerre font recevables dans leur oppofition.

La feconde fi en tout cas ils y font bien fondés.

M. le Duc de Nevers les foutient, en premier lieu, non-recevables, & en fecond lieu, que leur oppofition eft hazardée fans nul fondement.

PREMIERE PROPOSITION.

Les Officiers d'Auxerre font non-recevables dans l'oppofition aux Lettres Patentes du 20 Janvier 1552. & à l'Arrêt d'Enregiftrement.

Cette oppofition des Officiers d'Auxerre, foit que l'on en confidere & l'objet & les Lettres en elles-mêmes, le tems auquel elle a été formée, & les Arrêts qui en ont ordonné l'execution, toutes ces confiderations concourent à établir une fin de non-recevoir invincible contre une pareille oppofition.

1°. Ces Lettres d'Henry II. ont pour objet un droit de reffort immedat en la Cour, droit qui eft en la pleine & libre difpofition du Roy, duquel toutes Jurifdictions font émanées : lui-feul eft le maître de les donner, ôter & changer, fuivant qu'il le juge convenable ; ainfi de même qu'il avoit été en fon pouvoir par les Lettres d'érection du Prefidial d'Auxerre, d'y comprendre le reffort du Donzyois pour les cas préfidiaux, il a pû de même ordonner que le Donzyois auroit fon reffort immédiat en la Cour, comme il l'avoit anparavant lefdites Lettres d'érection ; & du moment que ces Lettres ont reçû le Sceau de leur execution, par l'Arrêt de la Cour du 26 Janvier 1552. qui a ordonné qu'elles feroient publiées & enregiftrées, ces Lettres forment une loi publique qui n'eft point fufceptible d'oppofition, avec d'autant plus de raifon, que c'eft en connoiffance de caufe, fur le vû des Lettres d'érection du Prefidial d'Auxerre, & nonobftant que le Donzyois y eût été compris, & que l'on prétendît que le Duc de Nivernois eût été oui, aufquelles Lettres & énonciations y portées, le Roy déroge expreffément, voulant que le Donzyois reffortiffe immediatement en la Cour en quelque maniere que ce foit, *pour en jouir, ufer pleinement, paifiblement & perpetuellement* : contre une loi auffi claire & précife, & revêtue de l'autorité de la Cour, il eft certain que l'oppofition n'eft pas recevable : auffi ne trouvera-t'on point qu'alors les Officiers d'Auxerre y ayent ofé former oppofition.

2°. Quand eft-ce qu'ils fe font ingerés d'y former oppofition, & de demander d'y être reçûs oppofans ? ce n'eft qu'en 1693. lorfque M. le Duc de Nevers s'eft pourvû en la Cour pour leurs contraventions ; ils ont bien fenti qu'une pareille demande formée 140 ans après, n'étoit pas propofable ; & pour en couvrir le défaut, ils difent par leur Requête que c'eft en réiterant l'oppofition qui y avoit été formée par le Subftitut de M. le Procureur General en leur Prefidial, ce qui eft une fuppofition: auffi n'ont-ils pû dater cette pretendue oppofition.

Il eft vrai que depuis les Lettres Patentes du 20 Janvier 1552. dont tout l'objet a été de conferver le Donzyois dans fon droit de Pairie, & de reffort immédiat en laCour *ad inftar* des Pairies, le Roy Henry II. par des Lettres pofterieures en forme d'Edit du mois de Fevrier 1552. ayant érigé le Donzyois en titre & dignité de Pairie, avec union du Donzyois au Nivernois, pour être regi par mêmes Juges & Officiers que le Nivernois, il y a eu une oppofition forméé par le Procureur du Roy au Bailliage d'Auxerre.

Mais il ne faut point confondre ces dernieres Lettres du mois de Fevrier avec celles du mois de Janvier, étant entierement diftinctes & féparées ; celles du mois de Janvier n'ayant pour objet que de conferver le Donzyois dans fon ancien droit de reffort en la Cour, il n'y a eu aucune oppofition ; quant à celles du mois de Fevrier, qui changeoient le premier état du Donzyois en l'uniffant au Nivernois, cette nouveauté a donné lieu à des oppofitions, ainfi qu'il a été obfervé dans la feconde éqoque du fait.

Quant à l'oppofition du Subftitut de M. le Procureur General au Bailliage d'Auxerre, ayant été queftion de la part des Officiers d'Auxerre de s'expliquer fur cette oppofition, il n'y a qu'à voir la déclaration que le Lieutenant Criminel d'Auxerre a fait en 1575. il y reconnoît expreffément le Donzyois avec le titre de Pairie ; il declare qu'il ne la contefte pas, & que fur l'érection de ladite Pairie, il s'en rapporte à la Cour.

Bref, comme les Lettres du mois de Fevrier 1552. aufquelles le Procureur du Roy d'Auxerre étoit oppofant, contenoient deux chofes, la premiere, l'érection du Donzyois en titre de Pairie, la feconde, l'union du Donzyois au Nivernois, l'on voit par la declaration du Lieutenant Criminel faite en 1575. que cette oppofition n'étoit point par rapport à l'érection du Donzyois en Pairie, mais uniquement par rapport à ce qu'il étoit uni au Nivernois ; & que cette union tendoit à dépouiller le Bailliage & Prefidial d'Auxerre des cas Royaux dans le Donzyois, dans la connoiffance defquels les Officiers d'Auxerre ayant demandé fur fon oppofition d'être maintenus & confervés, ce reffort des cas Royaux leur a été adjugé par l'Arrêt du 14 Août 1581.

Et quant à l'érection du Donzyois en Pairie, l'on ne voit point qu'il en ait été queftion au moyen de la déclaration que le Lieutenant Criminel en avoit faite.

Ainfi, non-feulement il n'y a point eu d'oppofition de la part des Officiers d'Auxerre, aux Lettres du mois de Janvier, par lefquelles le Donzyois étoit confervé dans fes droits de reffort immédiat en la Cour *ad inftar* des Pairies, mais pas même d'oppofition à l'érection du Donzyois en Pairie, portée par les Lettres du mois de Fevrier 1552.

3°. Les Officiers d'Auxerre font d'autant plus non-recevables en leur oppofition aufdites Lettres du 20 Janvier 1552. que la Cour en a ordonné l'execution par fes Arrêts de 1554. 1555. & 1557. & autres qui ont été obfervés dans la feconde époque du fait.

Il eft vrai qu'ils demandent d'être reçûs oppofans à ces Arrêts ; mais il y a une double fin de non-recevoir contre leur oppofition. La premiere, réfultante de ce que ce n'eftqu'en 1688. qu'ils ont demandé d'être reçûs oppofans à des Arrêts rendus 150 ans auparavant, & qu'ils n'avoient pû ignorer, vû que plufieurs defdits Arrêts avoient été publiés & lûs en leur Siege, ainfi qu'il étoit ordonné par lefdits Arrêts. La feconde fin de non-recevoir réfulte de ce que defdits Arrêts deux font contradictoires, qui font les Arrêts du 7 Décembre 1555. & du 12 Decembre 1557.

L'Arrêt du 7 Decembre 1555. eft rendu fur un appointement au Confeil, & fur les productions refpectives des Parties, entre le Duc de Nivernois, & M. le Procureur General prenant le fait & caufe pour fon Subftitut au Bailliage d'Auxerre, en la perfonne duquel les Officiers d'Auxerre avoient été intimés.

L'Arrêt du 12 Decembre 1557 eft pareillement contradictoire entre le Duc de Nivernois & Donzyois Appellant, & M. le Procureur General, prenant le fait & caufe pour fon Subftitut à Auxerre, Intimé.

Or c'eft une maxime que l'oppofition a des Arrêts contradictoires, n'eft pas recevable ; les Officiers d'Auxerre font donc non-recevables à s'oppofer à des Arrêts contradictoires rendus avec eux, procedans fous le nom de leur Subftitut, en la perfonne duquel ils avoient été intimez.

Par ces 2 Arrêts, les Officiers d'Auxerre s'étant ingerés de prendre connoiffance des caufes du Donzyois, la Cour les a jugés incompetens ; & *fuivant les Ordonnauces & Arrêts du 15 Novembre 1554. & dernier May 1555. a ordonné qu'inhibitions & défenfes iteratives feront faites aufdits Lieutenant Criminel & Juges Prefidiaux d'Auxerre, de prendre connoiffance des caufes & matieres des hommes, fujets & Vaffaux de Donzyois, & des terres dudit Duc de Nivernois, reffortiffante immédiatement en la Cour. Le prefent Arrêt lû & publié audit Siege Prefidial d'Auxerre, au jour d'Audience les Plaids tenans :* ce font les termes de l'Arrêt du 7 Decembre 1555. celui de 1557. réitere les mêmes inhibitions & défenfes.

Comment les Officiers d'Auxerre peuvent-ils dire que ces Arrêts ne font pas contradictoires avec eux, fous pretexte qu'il n'y a que le Procureur du Roy en leur Siege qui y a été partie, vû que pour proceder contre tout un Siege, il eft de regle & d'ufage d'intimer le Subftitut de M. le Procureur General audit Siege. Il eft le prépofé des Officiers du Siege, pour défendre & foutenir les interêts de la Jurifdiction ; c'étoit ce Subftitut qui avoit formé oppofition aux Lettres d'union du Donzyois au Nivernois ; c'étoit lui qui s'étoit pourvû par appel contre l'Ordonnance de M. Burdelot, c'eft lui qui a pourfuivi fur l'appel, M. le Procureur General prenant fon fait & caufe, & les Arrêts de 1556. & 1581. qui font

intervenu

intervenus fur fon oppofition , & autres qui ont adjugé aux Officiers d'Auxerre la connoiffance des cas Royaux , tous ont été rendus fur la pourfuite dudit Subftitut. M. le Procureur General procedant en la Cour, comme prenant fon fait & caufe , ainfi qu'il eft d'ufage , & les Officiers d'Auxerre ayant eux-mêmes produit & employé ces Arrêts de 1556. & 1581. & celui du 20 Juin 1585. comme contradictoires, ne peuvent difconvenir qu'il en doit être de même de 1555. & 1557. ceux qui font rendus de même avec le Subftitut en leur Siege.

Par tous ces moyens, M. le Duc de Nevers foutient les Officiers d'Auxerre non-recevables en leur oppofition, tant aux Lettres Patentes du 20 Janvier 1552. qu'aux Arrêts de la Cour qui en ont ordonné l'execution.

SECONDE PROPOSITION.

L'oppofition des Officiers d'Auxerre eft fans fondement.

Il ne faut que parcourir le moyens d'oppofition aux Lettres du 20 Janvier 1552. & aux Arrêts, pour être convaincu qu'ils ne font pas propofables.

Leurs moyens fe réduifent à quatre.

Le premier, eft que ces Lettres font fubreptices & obreptices, en ce que M. de Nevers y a fuppofé que d'ancienneté & de tems immemorial, le Donzyois étoit fous le reffort immédiat de la Cour, au lieu qu'ils prétendent dans le fait, que d'ancienneté le Bailliage d'Auxerre étoit en poffeffion du reffort du Donzyois, qui eft compris dans l'étendue de leur Bailliage.

Leur fecond moyen, eft que l'Arrêt du Confeil du 18 Aouft 1552. & les Lettres d'érection de leur Prefidial du même mois d'Aouft 1552. font pofterieurs aufdites Lettres du 20 Janvier 1552. & à celles du mois de Fevrier 1552. qui ont érigé le Donzyois en Pairie ; les Lettres d'é-rection de leur Prefidial, comme pofterieurs, y dérogent de droit.

Leur troifiéme moyen eft, que les Ducs de Nevers y ont dérogé, & ont reconnu la Jurifdiction de leur Prefidial, en y procedant volontai-rement

Non-feulement les Ducs de Nevers ont reconnu leur Jurifdiction , mais tous les Jufticiables & Vaffaux du Donzyois, ont reconnu le reffort du Donzyois à Auxerre, parce qu'ils y ont procedé depuis 1552. les Procedures qu'ils ont produites , prouvent, à ce qu'ils prétendent, qu'ils ont toujours été en poffeffion du reffort du Donzyois.

Enfin, les Officiers d'Auxerre ajoutent pour dernier moyen, qu'il en doit être de même à leur égard, comme à l'égard de l'Evêque d'Auxerre, auquel la mouvance du Donzyois appartient, pour laquelle il a été for-mé oppofition aux Lettres Patentes du mois de Fevrier 1552. portant érection du Donzyois en Pairie, avec union au Nivernois. L'Evêque d'Auxerre ayant demandé une indemnité pour la mouvance , le Duc de Nevers n'a pû s'en défendre , qu'en déclarant qu'il ne vouloit point fe fervir, quant à prefent, defdites Lettres d'union au Nivernois ; & en offrant de continuer de reconnoître pour Seigneur féodal l'Evêque d'Auxerre ; qu'au moyen de cette déclaration faite par le Duc de Nevers, M. le Duc de Nevers son fils ne peut se souſtraire au reſſort d'Auxerre, en vertu de Lettres, dont lui-même a declaré ne vouloir point se servir, & qu'en tout évenement, M. le Duc de Nevers ne pourroit se servir desdites Lettres d'érection, qu'en indemniſant les Officiers d'Auxerre du reſſort, de même l'Evêque d'Auxerre pour la mouvance.

Réponſes au premier Moyen.

Pour prouver que les Lettres du 20 Janvier 1552. ne ſont ni obreptices, ni ſubrectices, il ne faut que renvoyer à ce qui a été obſervé dans la premiere époque du fait, qui contient tout le tems anterieur à 1552. il y eſt prouvé que dès 1347. le Donzyois avoit ſon droit de reſſort immédiat en la Cour ; & que depuis 1347. il a été maintenu & conſervé dans ce droit de reſſort par toutes les Chartres & Lettres Patentes de nos Rois Philippe de Valois, du Roy Jean, de Charles VI. Charles VII. Louis XI. Louis XII. & de François Premier ; toutes ces Lettres ſont produites au Procès de la part de M. le Duc Nevers.

Ainſi l'Expoſé des Lettres du 20 Janvier 1552. qu'alors le Donzyois, d'ancienneté & de tems immemorial, avoit ſon reſſort immédiat en la Cour, eſt exactement vrai. Par conſequent, c'eſt un faux prétexte de la part des Officiers d'Auxerre, pour colorer leur oppoſition, de dire que les Lettres ſont ſubreptices ; & c'eſt en impoſer de leur part, de dire que le Bailliage d'Auxerre en 1552. étoit d'ancienneté en poſſeſſion du reſſort du Donzyois ; non-ſeulement les Officiers d'Auxerre n'ont pû rapporter la moindre preuve de cette prétendue poſſeſſion, mais toutes les pieces qu'ils ont produites pour la prouver, fourniſſent une preuve certaine & concluante, comme on l'a fait voir dans cette premiere époque du fait, qu'avant 1552. ils n'ont jamais prétendu d'autre reſſort dans le Donzyois, que celui des cas Royaux, qui leur avoit été adjugé par l'Arrêt du 23 Mars 1523. par eux obtenu contre les Officiers de Villeneuve-le-Roy ; & lorſqu'ils ſe ſont tranſportés dans le Donzyois, pour être mis en poſſeſſion du droit de reſſort qui leur avoit été adjugé, ils ont eux-mêmes expreſſément declaré que c'étoit *ſans préjudice du droit de reſſort, prérogatives & prééminences des Sieur & Dame de Donzy.*

Réponſe au ſecond Moyen.

Ce moyen a échapé aux Officiers d'Auxerre que l'on éroit trop inſtruits pour ignorer qu'en 1552. l'année ne commençoit qu'au tems de Pâques au premier Mars, & que les mois de Janvier & Fevrier étoient les deux derniers mois de l'année. Ce n'eſt que depuis l'Ordonnance de Charles IX. du mois de Janvier 1563. que le mois de Janvier a commencé d'être le premier mois de l'année, en execution de l'article 9. de cette Ordonnance, portant *qu'en tous Actes, Regiſtres, Inſtrumens, Contrats, Ordonnances, Edits, Lettres Patentes & miſſives, & toutes écritures privées, l'année commencera doréſnavant, & ſera comptée du premier jour de Janvier.*

Ainſi il eſt certain qu'en 1552. les mois de Janvier & Fevrier étoient les deux derniers mois de l'année ; auſſi voit-on par les Lettres Patentes du 20 Janvier 1552. que le Roy a expreſſément dérogé aux Lettres d'érection du Preſidial d'Auxerre, du 18 Aouſt 1552.

Réponſe au troiſiéme moyen.

Pour prouver que les Ducs de Nevers ont procedé à Auxerre, & ont eux-mêmes reconnu le reſſort du Bailliage d'Auxerre, les Officiers d'Auxerre ont produit au 6ᵉ ſac, des extraits de procedures & Sentences de leur Bailliage, ſous les cotes D. E. F. G. R. S. T. U. & X. M. le Duc de Nevers par ſes contredits contre ces cotes, a fait voir que l'induction que les Officiers d'Auxerre veulent tirer de ces pieces eſt captieuſe & porte entierement à faux.

Par l'examen qui a été fait de toutes ces paperaſſes informes, il a fait voir qu'elles ſe reduiſoient à quatre eſpeces. 1°. Les unes ſont des pourſuites faites en 1616. au ſujet des Lettres de Terrier obtenues par les Ducs de Nevers pour les Châtellenies du Donzyois, leſquelles furent adreſſées au Bailli d'Auxerre, Juge Royal le plus prochain des lieux, comme il eſt d'uſage ; en conſéquence les Ducs de Nevers ont procedé & fait des pourſuites à Auxerre pour la confection des Terriers.

2°. Les Officiers d'Auxerre produiſent d'autres Sentences & pourſuites faites par le Duc de Nevers en leur Siege, en execution d'un Arrêt du Conſeil qui avoit renvoyé au Bailliage d'Auxerre l'inſtruction d'un Procès criminel pourſuivi par le Duc de Nevers, contre le nommé Borde accuſé d'un homicide.

3°. Les Officiers d'Auxerre ont joint à ces Sentences & procedures, d'autres qui concernent la Baronnie de Saint Verain, la Châtellenie de Bouhy, & d'autres Terres & Juſtices dépendantes de la Baronnie de Saint Verain, qui appartenoit alors aux Ducs de Nevers, & qui appartient encore aujourd'hui à M. le Duc de Nevers, pour leſquelles les Ducs de Nevers n'ont jamais conteſté le reſſort aux Officiers d'Auxerre, & depuis l'acquiſition qui a été faite de cette Baronnie en 1489. pour tous les cas concernans cette Baronnie & Juſtices en dépendantes, les Ducs de Nevers ont toujours procedé à Auxerre.

4°. Enfin les autres Sentences & procedures ont été depuis 1581. pour des cas Royaux, pour leſquels les Ducs de Nevers ont procedé à Auxerre ; c'eſt à quoi M. le Duc de Nevers par ſes contredits a fait voir que ſe reduit tout cet amas confus de paperaſſes.

L'induction que les Officiers d'Auxerre ſe ſont efforcés d'en tirer, eſt fauſſe & captieuſe, parce que, & les Lettres de Terrier adreſſées au Bailli d'Auxerre, comme Juge Royal le plus prochain, & l'Arrêt de renvoi du Conſeil, ne ſont que des Commiſſions particulieres qui ne donnent au Juge commis que la connoiſſance particuliere du fait qui lui eſt renvoyé.

Quant à ce qui regarde la Baronnie de Saint Verain, qui eſt dans l'étendue du Bailliage d'Auxerre, & qui reſſortit à Auxerre : que les Ducs de Nevers, pour tout ce qui concerne cette Baronnie, ayent procedé à Auxerre, il n'en peut refulter d'autre induction , finon que ce reſſort leur appartient , & ne leur a point été conteſté ; mais de vouloir confondre cette Baronnie, qui n'a rien de commun avec le Donzyois, & qui en eſt diſtincte & féparée, & n'a été acquiſe que bien long-tems aprés que les privileges de la Pairie ont été accordés pour le Donzyois, c'eſt une pure ſurpriſe de la part des Officiers d'Auxerre, & de même pour les cas Royaux, qui n'ont point été conteſtés, depuis l'Arrêt de 1581. qui en a adjugé le reſſort.

A l'égard de ce que les Officiers d'Auxerre prétendent que les Juſticiables & Vaſſaux du Donzyois ont procedé à Auxerre, & qu'il eſt prouvé par plus de ſix cens extraits de Sentences & procedures par eux produites au 6ᵉ ſac, cote Y. M. de Nevers par ſes contredits, a fait voir que de toutes ces pieces informes, ſi l'on retranche celles qui ſont étrangeres, tant celles qui regardent la Baronnie de Saint Vrain & dépendances, que celles qui concernent les cas Royaux, & toutes celles où l'on a retranché le domicile du Défendeur Juſticiable du Bailliage d'Auxerre, contre leſquels les Habitans du Donzyois, ont formé des demandes devant les Juges d'Auxerre, Juges des Défendeurs, parce qu'*actor ſequitur forum rei*, tout ce ſatras de paperaſſes ſe trouvera reduit à quarante ou cinquante appellations du Bailliage de Donzy, qui au lieu d'être portées en la Cour, ont été portées au Bailliage d'Auxerre. Quand eſt-ce que ces appellations ont été portées à Auxerre ? Depuis que Charles de Gonzague, Duc de Nevers, a été abſent de ſon Duché de Nivernois & Donzyois. Les Memoires donnés au Public ſous ſon nom , nous apprennent qu'il alla en Ambaſſade à Rome en 1608. qu'il fut employé en differentes negociations, & qu'en 1627. Vincent II. de Gonzagues, Duc de Mantoue & de Montferrat, étant mort, Charles de Gonzague, Duc de Nevers, ſon plus proche heritier, alla prendre poſſeſſion de ſes Etats, & n'eſt point revenu ni ſon fils, en ſon Duché de Nevers.

C'eſt pendant ce tems d'abſence que ce Seigneur du Donzyois occupé de ſoins plus importans que de celui de s'oppoſer aux entrepriſes des Officiers d'Auxerre ſur le Donzyois, & de faire executer les Arrêts de la Cour, ils ont mis tout en uſage pour s'aſſujettir le Donzyois juſqu'en 1659. que le Cardinal Mazarin nouveau Seigneur , s'eſt pourvû contre ces entrepriſes, & les a reprimées par les Arrêts qu'il a obtenus en 1659. 1660. & ès années ſuivantes.

Mais que les Officiers d'Auxerre depuis 1652. au mépris de Lettres Patentes regiſtrées en la Cour, au mépris des Arrêts de la Cour qui leur ont fait d'iteratives inhibitions & défenſes de prendre connoiſſance des cauſes & matieres des hommes, ſujets & vaſſaux du Donzyois, ſe ſoient arrogé le droit de connoître des cauſes du Donzyois, ſans que depuis ces Arrêts il ſoit ſurvenu rien de nouveau qui les y ait autoriſé, ſi ce n'eſt l'abſence des Seigneurs du Donzyois : leur contravention aux Lettres Patentes & aux Arrêts de la Cour, bien loin de pouvoir leur fournir un moyen pour s'oppoſer à l'execution deſdits Lettres Patentes & des Arrêts contradictoires de la Cour, ne peut ſervir qu'à faire déclarer les amendes de 1000 liv. contr'eux prononcées, encourues, par leur contravention aux Arrêts de la Cour. *Réponſes*

Réponse au dernier moyen.

L'Arrêt du Grand Conseil rendu le 20 Decembre 1698. entre l'E-vêque d'Auxerre & le Duc de Nevers, ne peut fournir aucun moyen aux Officiers d'Auxerre pour le reſſort en queſtion ; le cas eſt entiere-ment different.

La Baronnie de Donzy eſt ſans contredit mouvante de l'Evêché d'Au-xerre : cette Baronnie par les Lettres Patentes d'Henry II. du mois de Fevrier 1552. ayant été unie au Duché de Nevers, pour ne compoſer qu'un même Duché & Pairie, avec la condition que M. le Duc de Ne-vers ſeroit tenu d'indemniſer les Seigneurs de fief de leur mouvance, l'Evêque d'Auxerre, ſur l'oppoſition formée de ſa part auſdites Lettres, a demandé que le Duc de Nevers fût condamné à l'indemniſer de ſa mouvance ; cette indemnité formant un objet conſiderable & de diſcuſ-ſion, le Duc de Nevers pour l'éviter, a déclaré qu'il entendoit quant à preſent reconnoître, comme ſes prédeceſſeurs avoient fait juſqu'alors, la mouvance de l'Evêché d'Auxerre, & en fournir aveu & dénombre-ment à l'Evêque d'Auxerre, ſans préjudice à lui & à ſes ſucceſſeurs, de leurs droits; & en conſequence, a conclu à ce que l'Evêque d'Auxerre fût débouté de ſa demande. L'Arrêt du Grand Conſeil a donné acte de ces offres, & en conſéquence a mis hors de Cour ſur l'indemnité qui étoit demandeé.

Que peut-il réſulter de la déclaration du Duc de Nevers & de l'Ar-rêt qui lui en a donné acte ? C'eſt uniquement qu'il n'y a point quant à preſent, d'union du Donzyois au Nivernois, & que cette union eſt en ſuſpens, ors que le Donzyois demeure diſtinct & ſeparé du Nivernois, comme il étoit, avant leſdites Lettres d'union, qu'il demeure toujours mouvant de l'Evêché d'Auxerre comme il étoit auparavant, cela peut-il fournir aux Officiers un moyen d'oppoſition aux Lettres du 20 Jan-vier 1552. auſquelles ils demandent d'être reçus oppoſans.

Ces Lettres du 20 Janvier ſont entierement differentes de celles du mois de Fevrier, avec leſquelles ils affectent de les confondre. Ces Let-tres du 20 Janvier, n'ont pour objet que de conſerver le Donzyois dans ſon état, & d'empêcher que les Lettres d'érection du Preſidial d'Au-xerre ne puſſent donner atteinte au droit de reſſort immediat en la Cour, dont le Donzyois étoit en poſſeſſiou de tems immemorial.

Il n'en a pas été de même des Lettres Patentes du mois de Fevrier, portant union du Donzyois au Duché de Nevers, pour ne faire qu'une même Pairie avec le Duché de Nevers ; par cette union l'ancien état du Donzyois étoit entierement changé; ce changement a donné lieu à dif-rentes oppoſitions; comme il a été obſervé dans le fait, notamment de la part de l'Evêque d'Auxerre, comme Seigneur feodal du Donzyois parce que par cette union, le Donzyois devenoit mouvant du Roi, de même que le Duché de Nevers, auquel il étoit uni ; ce qui ne pouvoit ſe faire qu'en indemniſant l'Evêque d'Auxerre de ſes droits feodaux ; bref au moyen de la déclaration de M. de Nevers, les Lettres d'union n'ont point eu d'exécution, & le Donzyois eſt demeuré dans ſon même état

Produit au 6e ſac
par les Officiers
d'Auxerre.

I

mouvant comme il étoit auparavant l'union, de l'Evêché d'Auxerre.

Or que le Donzyois soit demeuré mouvant de l'Evêché d'Auxerre, ainsi qu'il étoit avant les Lettres d'union ; qu'en peut-il résulter ? C'est qu'il doit rester dans les mêmes droits qu'il avoit avant les Lettres d'union, ayant d'un côté son ressort immediat en la Cour, & étant toujours, comme il avoit été, mouvant de l'Evêché d'Auxerre ; mais ce n'est pas là la consequence des Officiers d'Auxerre, parce qu'il s'ensuivroit que le Donzyois ayant son ressort immediat en la Cour auparavant les Lettres d'union, & y ayant été maintenu & conservé par les Lettres du 20 Janvier 1552. les choses doivent rester au même état ; ils demandent au contraire que la Cour change cet ancien état du Donzyois, & qu'au lieu de ressortir en la Cour comme il y ressortissoit, il ait son ressort en leur Bailliage & Presidial ; voilà l'objet de leur opposition aux Lettres du 20 Janvier, qu'ils affectent de confondre avec celles du mois de Fevrier.

Outre la difference qu'il faut faire entre les Lettres du mois de Janvier & celles du mois de Fevrier, il y a encore une difference entiere à faire entre le droit de ressort en question & la mouvance du Donzyois ; les droits de ressort & jurisdiction sont en la pleine & libre disposition du Roi, qui est le maître de les ôter à un Siege, & de les attribuer à un autre, selon qu'il le juge convenable, parce que toute Jurisdiction est émanée du Roi.

Il n'en est pas de même des fiefs qui sont patrimoniaux ; si par des raisons superieures comme, dans le cas d'érection d'une Terre en Pairie, le Roi la rend immediatement mouvante de lui, ce n'est jamais qu'à la charge d'indemniser les Seigneurs féodaux dont elle est mouvante.

Enfin autre chose est d'ériger une Terre en Pairie, ou de lui accorder le droit de ressort immediat en la Cour *ad instar* des Pairies ; pour le droit de ressort, il n'est pas necessaire qu'elle soit meuvante en plein fief du Roi, aussi voit-on que les Lettres de concessions des droits de Pairie & de ressort immediat en la Cour, n'imposent point la condition d'indemniser les Seigneurs féodaux, & que ce n'est qu'aux Lettres d'érection en Pairie que cette condition est ajoutée.

Au surplus quelle indemnité pourroient prétendre les Officiers d'Auxerre pour un ressort qui avoit été accordé au Donzyois, & dont il étoit en possession avant la création de leur Bailliage ? où est la finance qu'ils ont payée au Roi pour ce droit de ressort dont ils puissent demander d'être récompensés ? aussi n'ont-ils osé former de demande pour cette indemnité.

CHEF DE CONTESTATION,

Concernant la Châtellenie du Châtel Sensoy.

Le ressort de cette Châtellenie forme un chef de contestation particuliere, parce qu'elle n'est point dépendante du Donzyois, avec lequel les Officiers d'Auxerre ont affecté de la confondre, & que cette Châtellenie est un membre & ancienne dépendance du Duché de Nivernois, laquelle, ainsi que les autres Châtellenies du Nivernois, a ressorti au Bailliage & Pairie de Nivernois ; c'est pourquoi elle se trouve expressément comprise avec les autres Châtellenies du Nivernois, dans les Lettres d'érection du Comté de Nevers en Duché & Pairie du mois de Janvier 1538. dans lesquelles sont énoncées toutes les Châtellenies qui composoient l'ancien Domaine dudit Comté, & qui ont leur ressort en la Pairie de Nevers.

Ces Lettres de 1538. sont produites au 23e. sac, cotte A.

Depuis ces Lettres la Châtellenie de Châtel Sensoy a continué de ressortir à Nevers comme auparavant, & a toujours été régie par la Coutume de Nivernois, à laquelle les Abbé, Chanoines & Habitans de Châtel Sensoy ont été appellés.

En 1640. les Officiers d'Auxerre ont commencé leurs entreprises sur ce ressort par un déni de renvoi, d'un appel de Sentence du Juge de Châtel-Sensoy, duquel déni de renvoi, l'Intimé s'étant porté pour Appellant en la Cour, & les Dames de Gonzague étant intervenues : par Arrêst du 22 Fevrier 1642. *& la Cour ayant égard à l'intervention desdites Dames de Gonzague, & à la requête dudit Thibaut a renvoyé les Parties pardevant les Juges de Nevers pour y proceder, & leur être fait droit.*

Plusieurs autres Arrêsts sont depuis intervenus, qui ont reprimé les enteprises des Officiers d'Auxerre sur ladite Châtellenie.

Ces Arrêsts, avec les preuves des vexations que les Officiers d'Auxerre ont exercées, au mépris des Arrêsts de la Cour, contre le Juge, le Lieutenant & le Procureur Fiscal de Chastel-Sensoy, & contre les Habitans pour les contraindre à les reconnoître pour leurs Juges supérieurs, & à ressortir au Bailliage d'Auxerre, sont produits au vingt-troisiéme sac.

Cela a été porté à un tel excès, que sur la Requête des Habitans du Châtel-Sensoy, la Cour par Arrêst du 14 Mai 1681. a ordonné qu'en attendant le Jugement du ressort de Châtel-Sensoy, lesdits Habitans se pourvoiroient sur l'appel des Sentences de Châtel-Sensoy au Bailliage de Sens, & par appel en la Cour.

La Cour a à prononcer sur le ressort de Châtel-Sensoy ; M. le Duc de Nevers le reclame par sa Requête du 16 Juin 1706. comme un membre & une dépendance de son Duché de Nivernois ; ses titres sont les Lettres d'érection du Comté de Nevers en Duché & Pairie, & l'Arrêst de la Cour qui les a verifiées pour être exécutées selon leur forme & teneur.

On ne peut contester que cette Châtellenie ne soit un ancien membre & dépendance du Duché de Nevers ; comme telle elle est comprise dans lesdites Lettres au nombre des Châtellenies qui dépendent & font partie du Duché de Nevers, & qui toutes ont leur ressort de toute ancienneté en la Pairie de Nevers, où le Châtel-Sensoy a ressorti, ainsi que toutes les autres jusqu'en 1640. que les Officiers d'Auxerre ont entrepris de s'approprier ce ressort.

Le seul titre qui leur sert de prétexte pour le prétendre, est l'Arrêst du 23 Mars 1523. rendu entre-eux & les Officiers de Villeneuve-le-Roi, où cette Chatellenie se trouve comprise avec toutes celles du Donzyois dont elle est voisine.

Cet Arreſt qui n'eſt point rendu avec les Seigneurs de Nevers, ne peut leur faire un titre pour le Donzyois, comme on l'a fait voir, que pour les cas Royaux pour leſquels le Donzyois avoit ſon reſſort à Villeneuve-le-Roi ; or il ne peut leur faire un titre pour une Châtellenie du Nivernois qui n'a jamais été du reſſort de Villeneuve-le-Roi pour aucuns cas.

Bref les Officiers d'Auxerre lorſqu'il a été queſtion de l'exécution de cet Arreſt de 1523. & qu'ils ſe ſont tranſportés ſur les lieux pour être mis en poſſeſſion du reſſort à eux adjugé par ledit Arreſt, n'ont-ils pas eux-mêmes expreſſément declaré que c'étoit *ſans préjudice des droits* des Seigneurs de Nivernois & Donzyois ? Peuvent-ils aujourd'hui prétendre autre choſe en vertu de ce même Arreſt que ce qu'ils ont prétendu alors, & les Lettres d'érection du Nivernois en Duché & Pairie de 1538. qui ſont ſurvenues depuis, ne forment-elles pas une nouvelle barriere contre leurs entrepriſes ſur ce reſſort ?

Monſieur BOCHARD DE SARON, *Rapporteur.*

Mᵉ MAIGNAN, Avocat.

COLLIER, Proc.   MAUPASSANT, Proc.

De l'Imprimerie de la Veuve D'ANDRE' KNAPEN, au bout du Pont S. Michel, 1744.